la dernière reine d'Ayiti

Du même auteur au Rouergue

La révolte d'Éva - **2015, roman doado Noir.**
EBEN ou les yeux de la nuit - **2015, roman doado.**
La cité des filles-choisies - **2014, roman doado.**
Banksy et moi - **2014, roman doado.**
Les trois soeurs et le dictateur - **2014, roman doado.**
Chasseur d'orages - **2009, roman doado.**
Un koala dans la tête - **2009, roman dacodac.**
La cérémonie d'hiver - **2010, roman doado Noir.**
L'été à Pékin - **2010, roman dacodac.**
La reine des chats - **2010, roman zigzag (ill. Céline Le Gouail).**
Le garçon qui volait des avions - **2011, roman doado.**
Les poings sur les îles - **2010, album (ill. Violeta Lópiz).**

Et aussi

Bel ordure - **2016, Calmann-Lévy.**
Lettre à Dennis Rodman, bouffon de la Corée du Nord - **Les Échappés/Charlie Hebdo, 2015.**
Blue book - **2015, roman, Calmann-Lévy.**
Ma vie précaire - **2012, roman, Calmann-Lévy.**
Le palais de mémoire - **2011, roman, Calmann-Lévy.**
L'homme qui haïssait les femmes - **2011, roman, Grasset.**
Les disparues de Vancouver - **2010, roman, Grasset (prix Erckmann-Chatrian 2010).**
L'aérostat - **2008, roman, Grasset.**
Unica - **2007, roman, Stock (grand prix de la SF 2008, prix Rosny).**
Brûlements - **2006, roman, Grasset (prix Plume d'or 2006).**
L'enfant rouge - **2002, roman, Grasset.**
Demain les filles on va tuer papa - **2001, roman, Grasset.**
Le palais de la Femme - **1999, roman, Grasset.**
La gommeuse - **1997, roman, Grasset.**

Graphisme de couverture : **Olivier Douzou**
Photographie de couverture : © **Reuters/Paulo Santos**

www.lerouergue.com

doado

Élise Fontenaille

la dernière reine d'Ayiti

rouergue

À Bartolomé de Las Casas,
aux derniers Taïnos,
à Anacaona,
et bien sûr, à Gaspard et Rémi.

« Les Taïnos donnent volontiers tout ce qu'ils possèdent, en échange de presque rien, ils ne sont pas attachés aux biens matériels. Ils sont beaux, bien bâtis, aussi agréables à voir de corps que de visages... Ils ne portent pas d'armes sur eux, ils sont de mœurs pacifiques, bienveillants et accueillants par nature, sans violence ; cinquante soldats suffiraient pour les asservir tous. »

Christophe Colomb, île d'Ayiti - 1492.

l'âge d'or / 1492

Mon nom est Guaracuya, je suis le neveu d'Anacaona, Fleur-d'Or, notre reine, la bien-nommée ; je me flatte d'être son neveu préféré.

Là où elle va, je la suis ; elle m'appelle son ombre, en riant.

– Si tu n'étais pas mon neveu, tu serais mon petit mari !

Partout où elle s'élance, notre reine, sur les sentiers, le long des rivières, vêtue de fleurs et de plumes, parée de pétales d'or, son rire l'accompagne. Jamais aucune reine taïno, depuis la nuit des temps, n'a recélé autant de qualités.

Ni aucun roi d'ailleurs, ceux que dans notre langue on appelle cacique : elle les surpasse tous !

Dans les cinq royaumes d'Ayiti, la grande île, nulle part on ne trouve son égale. Anacaona règne sur la province du Xaragua, celle qui est située au sud de l'île, entre l'océan infini et la montagne du milieu. Bordée au sud par la mer caraïbe, douce ou féroce selon les jours, terrible ou apaisée la nuit…

Fleuves impétueux où voguent des pirogues, vallées parsemées de villages en enfilade ; jungles profondes tapissées d'orchidées-lianes, d'arbres-monde, peuplées d'animaux mystérieux…

Iguanes aux allures de dragon, éléphants de mer couleur océan, petits singes verts ricanants, agoutis dorés, flamants roses en nuées, urubus écarlates, perroquets émeraude, colibris bleu roi, grenouilles pourpres, boas assoupis, caïmans bruns glissant entre deux eaux, semblables à des troncs vivants… Tel est le royaume du Xaragua !

Faune et flore s'y emmêlent…

On ne sait plus distinguer l'animal du végétal.

Cette fleur orange et verte, est-elle un perroquet endormi ?

Ce bel oiseau amarante, une fleur carnivore ?

Cette longue feuille brune, un insecte aux aguets ?

Tout est illusion, tout se transforme : on entre dans la jungle-sortilège sous la forme d'un homme, et l'on en ressort sous la forme d'un jaguar parlant le langage des humains. Et par-dessus tout cela règnent nos dieux, que l'on appelle les Zémis. Effigies de pierre triangulaire polies pendant des lunes ou silhouettes de bois sculpté, poupées de tissu brodé contenant le crâne d'un grand cacique…

Sous toutes les formes qu'on leur prête, nous vénérons nos Zémis ; ils veillent sur nous, ils nous protègent contre l'adversité. Notre reine Anacaona, nous l'adorons à l'égal d'une déesse – en plus humaine.

C'est son frère, le vieux Bohechio, l'ancien cacique du Xaragua, qui lui a légué son trône.

Il avait pris de la cohoba – la poudre de plante hallucinogène, que les caciques inhalent lors de cérémonies rituelles – ses visions ont été si violentes…

Il en est tombé malade, le corps brûlé de fièvre.

La prise de cohoba n'est pas sans risque, le divin peut prendre bien des formes. Cette fois-là, Juracan, le dieu de l'ouragan, symbole des forces du mal, lui est apparu, sous la forme d'un iguane géant crachant des flammes.

Après la visite du dragon, Bohechio est devenu un vieillard, une lune a suffi… En quelques nuits, le cacique dans la force de l'âge s'était mué en un vieil homme épuisé.

Le *butio** lui a conseillé de confier le royaume à sa jeune sœur ; il l'a écouté.

Depuis, on ne le voit plus guère, le vieux Bohechio.

Il coule des jours paisibles dans sa demeure, au bord d'un lac ; il fume du tabac à longueur de journée, étendu dans son hamac. Il ne redoute plus que les ouragans ; il a interdit à ses femmes de le déranger.

Seule Anacaona a le droit de lui rendre visite, mais depuis qu'elle est reine, elle est bien trop occupée.

Veiller au bon déroulement des récoltes, encourager les pêcheurs qui partent en mer, régler les disputes entre les femmes…

---

* Prêtre.

Elles sont bien longues, les journées d'une reine !

Et je ne parle même pas des cérémonies, ni de la cueillette des feuilles de cohoba que l'on fait sécher et réduit en poudre... Oui, les journées d'Anacaona sont bien remplies, et aussi ses nuits. Nos rituels magiques, c'est la nuit qu'ils ont lieu, quand tout le monde est endormi.

Dans la jungle obscure, le long des rivières d'encre où les paillettes d'or palpitent en éclats argentés sous la lune...

Est-ce un cours d'eau que l'on voit là-bas, ou la Voie lactée ? Comment savoir... La nuit, tout est inversé.

Non contente d'être la plus gracieuse et la plus habile danseuse, Anacaona est aussi une *samba** virtuose, une poétesse inspirée. Les *areytos*** qui sortent de sa bouche lui sont soufflés par les dieux, elle n'a même pas besoin d'être en transe. Quand elle danse, de ses lèvres jaillit la parole divine, comme l'eau fraîche de la source.

Et si le mot taïno signifie « noble et bon », alors elle est sans conteste la meilleure d'entre nous.

---

* Poétesse, chanteuse.

** Chants sacrés.

Ayiti - l'île paradis

Ayiti, notre île, est ce que les barbares venus du nord appellent un paradis : les dieux l'ont fait jaillir de la mer afin que les humains y vivent libres et heureux jusqu'à la fin des temps, sans jamais s'épuiser.

Chez nous, tout pousse, à portée de main !

Les arbres donnent les plus doux des fruits ; la mer est gorgée de poissons qui se jettent dans nos filets, à peine les pêcheurs les ont-ils lancés à l'eau. Il suffit de marcher le long des plages pour ramasser une multitude de coquillages que l'on peut manger crus, à l'ombre des goyaviers.

Nos forêts grouillent de gibier : un jeune chasseur qui plante sa lance au milieu des fourrés est quasi certain de ramener un agouti dodu qui rôtira le soir même à la broche, nourrissant tout son clan…

Oui, les Zémis y ont veillé ! En Ayiti, nul n'a besoin de travailler, ou alors si peu : il suffit de jeter des graines dans la terre pour que la plante jaillisse… On se baissera trois lunes plus tard avec de grands paniers, pour tout récolter.

Soleil et pluie se chargent de faire pousser le yucca dont nous faisons la cassave, la galette qui nous nourrit toute l'année, agrémentée de légumes et de fruits.

Ananas, noix de coco, fruit de la passion, mangue, avocat, papaye, patate douce, arachide, maïs, anone, goyave...

Ici tout croît, sans effort.

À la simple pensée que j'aurais pu grandir ailleurs, sur ces îles où vivent les féroces Caribes – d'où vient Caonabo, le rude époux d'Anacaona – ou sur cette terre inconnue que l'on voit au loin, très loin, quand on grimpe à la cime du plus haut des arbres, je frémis.

Dans la maison sacrée qui jouxte chaque village, nos Zémis veillent sur nous. Chacun leur rend hommage, apportant chaque soir son tribut de fleurs et de fruits.

Mais il faut bien se garder de les mettre en colère !

Sinon, tout à leur fureur, ils jetteraient une pluie d'éclairs sur nos maisons de paille pendant la nuit, et au matin il ne resterait de nous que des cendres.

Mais cela n'arrive pour ainsi dire jamais...

Nous avons une foule de divinités, mais deux dieux principaux : Yukiyu, le dieu du bien, et Juracan, celui du mal, le maître des ouragans. Nous ne redoutons que lui car, l'espace d'un cillement, il peut tout dévaster.

Anacaona se range sous la protection de Yukiyu, comme nous tous, et combat de toutes ses forces l'esprit du mal... Jusqu'ici, Yukiyu l'a toujours emporté.

Mais une ancienne prophétie a prédit la victoire finale de Juracan en Ayiti.

– Une histoire qu'une sorcière inventa une nuit, pour faire peur aux enfants !

C'est ce que dit Anacaona pour rassurer les petits, quand le vent du nord souffle fort, agitant les cloisons de la grande maison.

Parfois Caonabo, son époux aussi impétueux que son épouse est paisible, séjourne avec elle dans le *bohio* ; mais il est souvent en voyage, au-delà des montagnes… Il rend visite aux autres caciques.

Ayiti comporte cinq royaumes – la Magua, le Marien, le Xaragua, la Maguana, le Higuey –, gouvernés par cinq rois, dont une reine ; étant liés à tous, Caonabo participe à bien des cérémonies. Il a d'autres femmes, comme tous les caciques ; c'est aussi pour cela qu'il est souvent au loin, même si Anacaona n'en dit mot.

Je m'en réjouis : ainsi j'ai ma reine rien que pour moi.

Par chance, les femmes caciques n'ont pas le droit d'avoir plusieurs époux, sans quoi je serais vraiment trop jaloux…

Il faut dire, Fleur-d'Or est notre seule grande reine, jouissant de la plupart des pouvoirs d'un roi ; elle en use, mais n'en abuse pas.

– Plus d'un mari, plus d'un souci ! Non merci. J'ai bien trop à faire…

C'est ce qu'elle dit.

Bien qu'époux de la reine, Caonabo ne règne pas sur le Xaragua. C'est à sa sœur que Bohechio a cédé son trône…

– Et pas à mon beau-frère, en aucun cas ! a-t-il précisé, avant de se mettre en retrait.

douceur des Taïnos

Depuis la nuit des temps, les Taïnos sont réputés pour leur douceur. Les Caribes, nos voisins, qui vivent par-delà les montagnes et peuplent les îles lointaines, sont féroces et cruels ; on les dit même parfois cannibales, ce que les Taïnos ne sont pas, et n'ont jamais été, au grand jamais ! Certes nous sommes doux, par nature et par choix, mais nous n'avons pas peur du combat. Se battre la lance à la main n'est pas ce que nous souhaitons, mais nous n'hésitons pas à nous défendre, si d'aventure on nous attaque. À la bataille, nous préférons toujours la palabre : la parole est la plus acérée des armes…

Mais qu'un ennemi pointe ses lances vers nous, alors nous ajustons nos flèches trempées dans le curare, un poison qui tue en étouffant sa proie, paralysant ses poumons, l'empêchant de respirer…

Nous préférons ne pas l'utiliser contre l'homme : c'est avant tout à la chasse que ce venin nous sert, pour tuer le gibier sans l'abîmer.

Parmi les Taïnos, dans chaque village, il y a un maître du curare. C'est souvent un ancien, et le secret du poison – subtile décoction de lianes vénéneuses – est toujours bien gardé.

Je soupçonne Anacaona de savoir elle aussi le préparer, même si elle l'a nié en riant, le jour où je le lui ai demandé.

À quoi bon tuer nos frères, ceux à qui les Zémis ont donné la vie ? Nous, les Taïnos, nous n'aimons pas la violence.

– Elle entraîne toujours une violence pire encore.

C'est ce que nous enseigne Anacaona, notre reine, aussi sage que belle.

Sur notre île, toutes les vallées sont peuplées : il y a autant d'hommes, de femmes et d'enfants en Ayiti que de gouttes d'eau sur les feuilles des arbres, les jours de pluie.

Dans cette île où il fait si bon vivre, qu'est-ce que l'homme et la femme pourraient bien faire d'autre que croître et se multiplier ?

– Ayiti est un immense jardin ! m'a dit un jour Anacaona, alors que j'aidais la petite Higuemota – sa fille, ma cousine – à écraser la chair blanche des anones, pour en faire la plus douce des crèmes.

Nous venions de ramasser les fruits du cherimola qui fait face à la grande maison, tombés dès qu'ils sont mûrs et que nous raflons aussitôt, avant que les fourmis s'en régalent.

C'est le seul effort que nous ayons à fournir : ramasser les fruits avant que les insectes s'y ruent.

Ce soir-là, je venais d'achever un *duho* en bois de mahogany, un siège bas que je destinais à notre reine. J'aime sculpter le bois devant le feu, en écoutant Anacaona chanter, ou les anciens raconter les histoires d'autrefois, du temps où les Taïnos vivaient dans des grottes.

En les écoutant j'évide, je grave, je sculpte… car tel est le don que les Zémis m'ont octroyé.

À chaque lune, je crée un nouveau *duho*.

Les plus beaux, ceux qu'elle ne range pas dans la grande maison, la reine les offre aux Zémis.

C'est dans la maison sacrée que les *butios* m'initieront bientôt à la cohoba. Ce jour-là, je ne serai plus un enfant, j'attends ce moment depuis bien longtemps.

Il y a bientôt quinze ans que je suis né.

Quinze fois douze lunes !

Non, décidément, je ne suis plus un enfant.

Ni tout à fait un homme. Qui suis-je alors ?

Un entre-deux. Une chenille sombre et velue qui se muera bientôt en un papillon coloré.

Profitant d'un interstice entre les branches, l'autre nuit j'ai épié Anacaona pendant qu'elle était en transe, à la lueur du feu. Qu'elle était belle ma reine, le corps couvert de poudre d'or, dansant à la lueur des flammes, chantant sa louange aux Zémis…

Les *butios* étaient là bien sûr, rassemblés pour la lune nouvelle. Si quelqu'un m'avait surpris…

Mais je sais être aussi léger qu'un souffle.

– À croire que tu sais te rendre invisible, m'a dit Fleur-d'Or alors que je traversais le village en coup de vent, sans que nul autre qu'elle ne me voie.

Je me suis incliné devant elle en souriant :

– Tu sais voir l'invisible, ô ma reine.

Le matin où je suis né, un colibri est venu se poser sur mon berceau, ainsi je suis depuis ma naissance sous la protection du plus gracieux des oiseaux ; c'est pour cela que je sais me rendre presque invisible. Grâce à l'oiseau magique à peine plus gros qu'une abeille, et aussi à la graisse d'iguane dont je m'enduis le corps les nuits où la lune est noire.

Oui, Ayiti est un paradis.

Mais tout n'est pas tendre, chez nous…

Le chaman qui échoue à guérir le malade qu'on lui a confié risque de se prendre une volée de coups.

Anacaona a fait en sorte que cette coutume brutale cesse.

– Certaines maladies sont voulues par les Zémis.

C'est ce qu'elle a décrété, et les anciens l'ont écoutée, alors ils ont interdit que l'on rudoie les guérisseurs.

– Ceux qui frappent les *butios* seront battus à leur tour !

Elle avait été émue par la correction reçue par un guérisseur maladroit, à qui les parents du malade avaient brisé les os.

Depuis, tout ce que les bâtons heurtent, c'est la balle que l'on se lance sur la grand-place du village, tous en rond, lors de ce jeu que l'on appelle le *batey*, et qui fait fureur dans l'île.

les voiles blanches

Oui, nous étions un peuple paisible, et nous ne pensions qu'à jouer au *batey*, à cultiver nos jardins, à relever nos filets ou à nous balancer dans nos hamacs…

Mais un matin, tout a changé.

On ne s'en est pas aperçu tout de suite…

Ce sont les pêcheurs qui ont donné l'alerte ; des garçons venus en courant au village, le souffle court, le rouge aux joues.

– Venez vite ! Il y a de hautes voiles blanches sur la mer…

– Des voiles blanches ?

Anacaona a couru avec son escorte à travers la forêt, le long du sentier tracé par les pêcheurs jusqu'à la grève.

Et là, face à la mer, nous avons vu le plus extraordinaire spectacle qui puisse se voir : trois énormes bateaux tendus de voiles claires gonflées par le vent, rondes comme des nuages.

Et sur ces bateaux, des êtres étranges, en nombre.

Depuis la grève, les pieds dans les vagues, nous ne pouvions pas les distinguer nettement.

Qui étaient-ils ? D'où venaient-ils ? Nous n'avions jamais rien vu de semblable à ces hommes et à leurs vaisseaux.

Ils ont mis des chaloupes à l'eau, ils ont sorti des rames, et ils sont venus vers nous.

De près, c'était vraiment les êtres les plus bizarres que l'on puisse imaginer. La peau claire, le visage couvert de poils, même sur les joues, leur mangeant la bouche.

– Des dieux, ou des animaux ?

– Peut-être les deux…

Les enfants étaient excités, les jeunes filles aussi, mais les anciens étaient inquiets.

Anacaona a donné l'ordre que l'on reçoive au mieux ces étranges visiteurs.

– Allons ! Allons ! Ce ne sont ni des dieux ni des animaux ! a-t-elle dit en claquant dans ses mains, pour faire cesser le vacarme.

Elle a tout de suite vu qu'ils avaient soif et faim et qu'ils étaient épuisés ; elle a envoyé des coureurs au village, en leur demandant d'apporter au plus vite tout ce que nous avions à manger.

Les étrangers ne parlaient pas notre langue ; en débarquant ils ont mis la main sur leurs armes – que j'apprendrais d'ici peu à nommer –, épées, arquebuses et tromblons…

Leurs corps étaient couverts de plaques de métal qui brillaient au soleil, et semblaient bien lourdes à porter.

Mais ils ont vite vu que nous étions pacifiques, à un signe de paix qu'Anacaona leur a fait – mains croisées sur sa poitrine, buste incliné. Obéissant à un ordre de leur chef, ils ont déposé leurs armes et leurs armures à leurs pieds, gardant toutefois un poignard au côté.

Ils ont bu et dévoré sans attendre : Fleur-d'Or avait vu juste ! Ils étaient assoiffés et affamés.

Une fois rassasiés, ils nous ont suivis au village.

Certains riaient comme des enfants, les autres étaient méfiants. Certains avaient l'air bienveillant, d'autres avaient un regard orageux.

– Méfie-toi de ces êtres-là !

C'est ce que j'ai dit à Anacaona le premier soir, mais elle n'a pas voulu m'écouter.

Pendant trois jours et trois nuits, elle a ordonné que l'on festoie en l'honneur des étrangers.

Toutes nos provisions y sont passées, même celles que nous gardions dans des coffres au frais sous les branches, au cas où l'ouragan dévasterait tout…

Après le festin, elle leur a offert à chacun un *duho*, parmi les plus beaux, afin qu'ils s'asseyent comme des rois.

Là, j'ai été furieux. Ces *duhos*, c'est moi qui les avais sculptés – enfin, pour la plupart ! Elle n'a rien voulu savoir.

Cette nuit-là, la lune était noire, j'ai fait un rêve sombre, un de ceux que l'on appelle cauchemar, et dont on se réveille en hurlant.

Barbe-Rouge

À dater de cette nuit, mes rêves ont été tourmentés. Je n'ai plus connu de nuits paisibles, plus jamais…

Le jour, cela allait encore : les étrangers étaient tranquilles, ils semblaient sous le charme d'Anacaona, qui les couvrait de bienfaits.

– Allons, mon neveu ! Cesse donc de grimacer comme si tu avais vu Juracan ! Sois habile : mêle-toi à eux !

Alors j'ai obéi… À force de les fréquenter, j'ai appris à parler leur langue, rude et rauque, jappements de chien sauvage ; rien à voir avec le parler chantant des Taïnos, une langue d'oiseau, que les étrangers n'essayaient même pas d'apprendre.

Si : le mot Or ! C'est bien le seul qu'ils ont tout de suite su dire, mais alors celui-là, ils le répétaient à longueur de journée, à croire qu'ils ne pensaient qu'à cela, et à leur dieu unique et terrible – celui qu'ils appellent Tout-Puissant. Or-Dieu ! Or-Dieu !

Voici comment je les appelais, pour me moquer d'eux.

Entre eux, ils se nommaient les Espagnols, et notre île, ils l'appelaient Hispaniola – la petite Espagne – comme si elle était toute à eux.

Certes, Anacaona avait prononcé la formule rituelle :

– Amis, vous êtes ici chez vous !

Comme on dit aux hôtes de passage – nous sommes un peuple courtois – ils ne se le sont pas fait dire deux fois !

Très vite, ils se sont comportés comme s'ils étaient *vraiment* chez eux.

Il y avait deux frères parmi eux, Christophe et Bartolomé Colomb ; à voir le respect que les autres leur témoignaient, on sentait bien que c'était eux les caciques.

Couverts de poils clairs, de haute taille, la voix grave, le teint pâle, rougeoyant au soleil... je les trouvais bien laids, mais Anacaona dansait pour eux et les comblait de cadeaux.

– Tu es trop méfiant, Guaracuya ! Si on les traite comme des rois, ils seront bienveillants.

Elle avait beau dire, je n'aimais pas l'éclat dur dans leurs yeux quand ils regardaient les plaques d'or qui recouvraient nos Zémis, ou quand ils fixaient le corps nu des jeunes filles.

Oui, nous allions presque nus : il faisait si chaud dans l'île, à quoi bon se couvrir le corps de tissu comme ils le faisaient eux, puer comme un bouc et ruisseler de sueur ?

Les femmes taïnos cachaient juste leur sexe sous un bout de tissu ; quant aux garçons, dès qu'ils devenaient grands, ils dissimulaient leur tige dans un étui en or, ce qui fascinait nos visiteurs. Nous ornions aussi nos corps de bijoux légers et nous enduisions parfois nos visages de couleurs.

Non contents d'épier les jeunes filles avec lubricité, certains parmi les arrivants dévisageaient Anacaona avec insolence ; ceux-là, j'ai dû me retenir pour ne pas les frapper.

Celui que j'aimais le moins portait une longue robe sombre, une croix de bois sur la poitrine, et s'appelait Nicolas de Ovando. Un de leur cacique, lui aussi.

Sa barbe était rousse comme le soleil couchant, je le surnommais donc Barbe-Rouge, ce qui faisait sourire Anacaona.

(Si j'avais su de quels crimes il serait bientôt capable celui-là, je l'aurais poussé à l'eau dès son arrivée.)

Anacaona était aux petits soins pour lui : un personnage important, à traiter avec des égards « pour l'endormir ! » me disait-elle le soir, quand nous nous retrouvions dans la grande maison.

Pauvre Fleur-d'Or… Si brillante – et si naïve.

C'est à ce moment-là que les *butios* ont décidé de procéder à mon initiation.

Le temps était venu : en quelques lunes, j'étais devenu presque un homme, je dominais Anacaona d'une tête.

Il faut dire, elle était petite, notre grande reine.

Ma voix était devenue grave d'un coup, elle m'effrayait presque, cette voix qui n'était plus la mienne : à croire que j'étais devenu quelqu'un d'autre, depuis l'arrivée des barbares.

esprit de la Cohoba

La maison sacrée était bien le seul endroit du Xaragua où Anacaona ne laissait pas les Espagnols entrer.

Celui qui essaya – Barbe-Rouge – elle le réprimanda d'une belle façon ! Comme j'ai ri ce jour-là, en voyant sa mine ! Hélas, nous n'allions pas rire longtemps.

Postés devant la porte, deux Zémis de pierre noire montaient la garde... Aucun Taïno ne serait jamais entré sans y avoir été invité.

À l'intérieur, disposé sur un tapis, il y avait tout ce dont les Taïnos de haut rang ont besoin pour la cérémonie.

Les feuilles de cohoba séchées, le mortier pour les piler, le vomitoire que l'on s'introduit dans la gorge pour se purifier, afin d'accueillir le dieu en nous ; l'inhalateur que l'on s'insinue dans les narines, afin d'aspirer la poudre magique qui fait rêver à haute voix...

Délirer même, parfois.

J'avais déjà assisté à un certain nombre de cérémonies, pas les plus mystérieuses, juste celles où l'on joue les *areytos*, ces longs poèmes en prose, qui sont comme des rêves éveillés.

– Toi aussi, tu seras un cacique un jour ! me dit un soir Anacaona.

Mais Juracan en décida autrement.

C'était à mon tour de jeûner, de me purifier.

Depuis cinq jours et cinq nuits, je m'étais isolé dans la forêt, loin de tous, je dormais dans une cabane construite tout exprès ; j'avais juste le droit de boire un peu d'eau teintée de miel qu'Anacaona m'apportait chaque soir.

Elle aurait pu la laisser devant la porte, mais elle tenait à me remettre elle-même la calebasse emplie du liquide frais et sucré. C'était elle mon initiatrice, ma prêtresse.

J'aimais qu'il en fût ainsi : c'était un honneur d'être initié par Fleur-d'Or.

Les Espagnols étaient enfin remontés dans leurs bateaux, à mon grand soulagement…

– Nous désirons faire le tour de l'île ! déclara Barbe-Rouge en partant ; les frères Colomb avaient déjà embarqué.

Trop généreuse, comme à l'accoutumée, Anacaona leur avait offert trois coffres en bois précieux gorgés de vivres : fruits secs, galettes de cassave et poissons fumés.

Ils l'ont à peine remerciée.

Une lune plus tard, un messager venu du Marien – une province située à l'autre extrémité de l'île – nous apprit qu'un de leurs vaisseaux s'était échoué sur la grève, suite au passage d'un ouragan ; avec les débris, ils avaient construit un fort, qu'ils avaient appelé la Navidad.

– Il est heureux qu'ils soient échoués au Marien, et que leur fort, ils l'aient construit loin d'ici ! déclara Anacaona, quand un guetteur lui apprit la nouvelle.

Même si elle les avait accueillis de son mieux, elle était soulagée d'en être enfin débarrassée.

Nous aussi, d'ailleurs.

Mais notre répit fut de courte de durée ; trois lunes plus tard, Barbe-Rouge et ses compagnons sont revenus.

Leurs manières avaient bien changé. Fini de se comporter en invités, ils étaient désormais des envahisseurs.

Ceux d'entre eux qui portaient de longues robes brunes et une croix à leur cou voulaient nous persuader d'adorer leur dieu, ce qui mettait Anacaona hors d'elle :

– Leur demande-t-on d'adorer nos Zémis ?!

Décidément, ces barbares ne respectaient rien !

Depuis leur retour du Marien, les Espagnols avaient pris une assurance sidérante… Ils faisaient main basse sur notre or, même celui de nos étuis ! Et dévoraient toutes nos provisions.

Au début, ils nous proposaient de menus objets en échange, des perles de verre, des peignes en corne ou des petits miroirs, mais confrontés à la bonté naturelle des Taïnos, ils ne nous offraient plus rien du tout, et prenaient tout ce qui leur faisait envie.

Un jeune prêtre m'apprit à lire la Bible, dans l'espoir de me convertir ; je lui ai fait croire que j'y songeais – en vérité je n'y pensais pas du tout ! Mais j'avais soif de comprendre ce qu'il y avait dans leur tête, et l'importance qu'ils accordaient à ces curieux dessins couchés sur du papier.

J'aimais préparer l'encre, manier la plume et tracer les lettres avec soin sur le vélin clair. Je prenais plaisir à comprendre le sens des mots, et à le reproduire.

Pour moi, la lecture et l'écriture s'apparentaient à de la magie ; en quelques lunes, j'avais appris.

– C'est bien, tu es vif, intelligent, tu feras un bon novice ! me dit le prêtre en me caressant la tête, la première fois que je lus un verset tout entier à voix haute, sans trébucher.

– On peut espérer te sauver un jour de la sauvagerie.

En guise de réponse, j'esquissai un sourire, j'avais appris à ne pas répondre à leurs provocations.

Un jour leur cacique – Christophe Colomb – a écrit une lettre à sa reine ; à son air grave et appliqué, j'ai compris qu'elle était d'importance.

Il me regardait tout en l'écrivant, avec une tendresse étrange dans le regard... J'ai senti qu'elle nous concernait, nous, les Taïnos ; je l'ai lue alors qu'il avait le dos tourné.

« ... *Les Taïnos donnent volontiers tout ce qu'ils possèdent, en échange de presque rien, ils ne sont pas attachés aux biens matériels. Ils sont beaux, bien bâtis, aussi agréables à voir de corps que de visage... Ils ne portent pas d'armes sur eux, ils sont de mœurs pacifiques, bienveillants et accueillants par nature, sans violence ; cinquante soldats suffiraient pour les asservir tous.* »

colère d'Anacaona

Cette lettre, j'en ai aussitôt rapporté le contenu à Anacaona, elle a manqué s'étouffer.

– Nous asservir tous !! C'est ainsi qu'ils nous remercient de nos bienfaits ?!

Elle ne parvenait plus à contenir sa fureur.

À dater de cette lettre, la guerrière détrôna la poétesse.

Finies les longues séances d'*areytos* le soir devant le feu ! Oubliés, la danse et le chant.

Elle se mit à organiser des réunions avec les caciques à travers tout le Xaragua, certains venaient même des royaumes du nord, au-delà des montagnes.

Nous étions excédés par les envahisseurs, révoltés par leurs méfaits, de plus en plus nombreux, et commis désormais au grand jour. On ne comptait plus les jeunes filles, voire les fillettes et même les garçonnets, qui subissaient leurs assauts. Ils outrageaient, pillaient, saccageaient.

Nous multipliions les offrandes aux Zémis, pour qu'ils les fassent enfin partir à jamais !

À force d'offrandes, nous avons été entendus ; un matin, leurs vaisseaux ont enfin levé l'ancre.

Les barbares s'en retournaient dans leur île lointaine, à l'autre bout du monde ; c'est ce que Barbe-Rouge nous annonça, en prenant congé d'Anacaona, à qui il baisa la main, avant de s'en aller.

– Au revoir, ma reine… dit-il en écrasant sa vilaine bouche sur les doigts délicats de Fleur-d'Or.

– Adieu ! lui dit-elle, en reprenant sa main avec effroi, comme si elle avait été léchée par un serpent.

Nous espérions bien en être débarrassés à jamais.

– Pourvu que Juracan fasse chavirer leurs vaisseaux ! murmura Fleur-d'Or en regardant les voiles blanches disparaître à l'horizon.

Le soir même, nous donnâmes une grande fête pour célébrer leur départ. À nouveau l'insouciance, les rires et les chants ! Nous étions libres et heureux !

Enfin entre nous, sans personne pour voler notre or et nos provisions, et vouloir nous convertir.

J'ai fait rire tout le monde cette nuit-là en imitant leurs voix, leurs mimiques… L'air important que se donnaient leurs chefs, les vilaines manières des soldats, titubant, ivres de vin… Toute la nuit, nous avons ri.

J'ai même dansé avec Higuemota, jusqu'au matin ; elle promettait d'être un jour aussi gracieuse que sa mère.

Les conquistadores avaient laissé une dizaine de soldats en armes à la Navidad, mais c'était au Marien, loin de là où nous vivions… Ceux-là, nous les avons vite oubliés.

la Navidad

Un jour, une bande de Caribes vivant dans une île proche, alertés par des Taïnos venus leur rendre visite en pirogue, se sont rendus au fort des Espagnols ; les soldats les ont accueillis avec brutalité. Or, au contraire des Taïnos, les Caribes sont des guerriers féroces, mais cela, les Espagnols l'ignoraient… Ils n'ont pas tardé à l'apprendre.

Les Caribes étaient venus avec leurs arcs et leurs flèches.

– Nous avions posté des sentinelles dans les arbres, le visage enduit de terre, le corps couvert de feuilles et d'écorce… des archers invisibles. Même nous, nous n'arrivions plus à les voir ! se réjouit le chef des Caribes en nous racontant l'assaut de la Navidad, assis devant un feu, trois jours après les faits.

– Après avoir été chassés par les Espagnols, nous avons donné l'ordre aux guetteurs de se servir de leurs arcs… Un geste a suffi, une pluie de flèches est partie. Mes archers savent bien viser !

Il riait en racontant l'expédition.

Anacaona avait reçu le cacique avec courtoisie, elle avait donné l'ordre de préparer pour lui et ses hommes un ragoût de caïman à la sauce piment ; le temps aurait dû être à la fête, mais l'inquiétude marquait ses traits.

– Tous ces morts... De tout cela, il ne sortira rien de bon, je le crains ! Ils ont des bâtons qui crachent du feu, et ils sont plus mauvais que les plus féroces de nos guerriers.

Le cacique posa sa main sur le bras de Fleur-d'Or.

– Ne t'en fais pas, belle reine... Nous avons le nombre pour nous ! Nous sommes autant que d'étoiles au ciel, et eux, à peine deux poignées.

Sur ce, il finit le plat de caïman goulûment.

Ce soir-là, Anacaona n'eut pas le cœur de chanter, la fête fut étrangement silencieuse.

Le Caribe était déçu.

– ... et moi qui voulais entendre un des fameux *areytos* de Fleur-d'Or !

En bonne hôtesse, Anacaona s'excusa :

– Ce soir, ami, mon chant est coincé dans mon gosier : la faute à la fumée...

Mais ce n'était pas la fumée.

Cette nuit-là, je n'étais pas au village, c'est Higuemota qui m'a raconté tout cela.

J'étais tout à mon jeûne, isolé dans la forêt ; je ne pensais plus qu'aux Zémis, et à la cérémonie qui allait faire de moi un homme. Bientôt, j'allais changer de peau, comme un serpent fait sa mue.

la cérémonie

C'est Anacaona elle-même qui procéda à la préparation de la cohoba. Elle choisit pour moi les plus belles feuilles, les plus rouges ; elle les pila avec soin dans le mortier de pierre noire, jusqu'à ce qu'il ne reste au fond du pot qu'une fine poudre écarlate.

Elle la goûta avant de me la faire aspirer.

– Ah, quel beau voyage tu vas faire ! dit-elle, les yeux mi-clos, puis elle me passa l'inhalateur.

J'ai été bien malade la première fois que j'aspirai la cohoba. Jusqu'ici, je n'avais même jamais fumé le tabac… Certains jeunes y goûtaient, en cachette dans la forêt, mais moi pas : j'étais si sage alors…

J'ai commencé par vomir, comme il se doit, en introduisant la longue languette de bois poli dans mon gosier… ensuite j'ai enfoncé l'inhalateur dans mes narines, et j'ai aspiré la poudre.

Depuis le temps que j'attendais ce moment !

Je connaissais ces objets, je les avais vus dans la maison sacrée ; j'avais déjà observé Anacaona quand elle procédait aux rites. Accomplie par elle, la cérémonie avait l'air d'une danse. Mais moi, la première fois que j'aspirai la cohoba, je fus bien maladroit. La première prise de poudre m'irrita les sinus, et me fit violemment tousser.

La seconde : pire encore ! J'eus la sensation d'être brûlé de l'intérieur : je toussais, je crachais...

– Attends un peu ! dit Anacaona en m'aidant à retrouver mon souffle et mes esprits. Fais comme moi, regarde bien.

Assis face à elle sur mes talons, l'imitant en tout – comme le font les enfants – je parvins enfin à inhaler une longue pincée de poudre rouge.

L'impression de flammes dans ma tête, d'explosion même, quand la cohoba toucha mon cerveau – le déferlement de couleurs, d'un coup ! Rouge, vert, orange, bleu et or...

Comme si un orage éclatait soudain sous mon crâne, avec son jaillissement d'éclairs.

J'ai dû m'étendre sur le sol, tant le choc était fort.

Ce n'était plus mon corps, ce n'était plus ma tête !

J'étais la proie d'un sortilège – les dieux étaient entrés en moi, ils dansaient la samba sous mon crâne.

Soudain je me mis à danser comme un fou – j'étais entré en transe, je sautais comme un jaguar pris au piège...

J'aurais pu bondir jusqu'au ciel, attraper des poignées d'étoiles, et les déposer aux pieds de Fleur-d'Or.

Je sautai sur place cent fois, mille fois !

Les Zémis m'avaient admis parmi eux, et aussi les *opias*, les esprits des morts. Toute la nuit, j'ai dansé avec eux, je ne sentais plus mon corps.

J'ai vu défiler nos anciens, je leur ai même donné la main, ils m'entraînaient, me tiraient vers eux. J'étais aussi véloce qu'une biche aux abois, je tournoyais sans fin…

À la fin de la nuit, j'avais les talons en sang.

Au lever du jour, j'ai eu des visions terribles, si fortes que je fus projeté sur le sol.

Juracan – le dieu des orages – avait pris possession de moi ; Fleur-d'Or était là, elle me tenait la main.

Ensuite, elle me lava le corps avec un linge mouillé.

– Tu as de la fièvre… Le dieu est entré en toi. La première fois, c'est rare ! dit-elle avec fierté.

Puis, elle ajouta :

– Tu as été choisi ! Tu auras un grand destin.

Sur ce, elle rentra au village. Avec sa finesse coutumière, elle l'avait senti : j'avais besoin d'être seul.

Je me sentais vidé, comme si on avait aspiré mon sang avec une paille, comme si un démon avait bu mon cerveau.

De tout le jour, personne n'est venu.

J'ai bien vu l'œil noir et malicieux de ma cousine apparaître par une fente… Mais Anacaona avait dû donner des ordres : elle n'est pas entrée.

Le lendemain, la fièvre était tombée.

J'ai passé trois jours au calme dans la maison sacrée, à manger de la crème d'anone qu'Higuemota m'apporta, ainsi qu'une noix de coco gorgée de jus.

La sensation de bonheur quand le lait de coco coula dans mon gosier ! Après avoir bu, je contemplai ma cousine…

Elle avait changé elle aussi ; je n'étais pas le seul à avoir grandi. Cela me troublait, de voir celle que je considérais comme ma petite sœur sur le point de devenir une femme.

La seconde prise de cohoba, douze nuits plus tard, à la lune noire, fut moins violente et plus puissante ; je ne fus pas secoué comme par un ouragan – à mon grand soulagement – et j'eus enfin des visions dignes de ce nom.

Je n'avais plus besoin de me faire vomir, j'avais tellement maigri… Anacaona décréta que l'usage du vomitoire n'était plus nécessaire :

– Cela ne ferait que te rendre malade.

Ces visions-là furent apaisantes – je voyais nos dieux ôter leur masque et montrer des visages bienveillants.

Mais celles qui suivirent – la dernière nuit que je passai dans la maison sacrée – furent effroyables.

Je vis une pluie de sang s'abattre sur Ayiti, les rivières écarlates, charriant des centaines de cadavres.

Et même – la plus terrible de toutes ! –, je vis ma reine, Anacaona, pendue à un arbre, tirant une affreuse langue noire, tandis que le village était la proie des flammes.

Ces dernières visions étaient si violentes que je vomis une bile sombre sur le tapis de paille, devant Fleur-d'Or, qui était dans la maison sacrée à ce moment-là.

– Qu'as-tu vu ? me demanda Anacaona, se précipitant vers moi.

Je hochai la tête, décidé à ne rien lui raconter : ce que j'avais aperçu était bien trop terrible...

– Rien ma reine, je dois manger, c'est tout ! J'ai l'impression d'avoir avalé un ciel d'orage et tous ses éclairs : j'ai la gorge en feu...

Et pour rire, je fis mine de m'étouffer, roulant cocassement des yeux. Cela – faire rire autour de moi –, j'ai toujours su.

Anacaona sourit et me donna un bel ananas qu'elle venait de découper en soleil, les tranches disposées en rayons d'or sur un plat sombre ; tout ce qu'elle faisait, elle y mettait de l'art.

– Prends ! Régale-toi : ce soleil est pour toi, ses éclats effaceront les ténèbres en toi.

Même en mordant dans les tranches juteuses, je ne parvenais pas à oublier mes dernières visions.

En quelques jours, l'effroi se dissipa.

La poudre était sans doute trop forte pour mon corps affaibli par le jeûne, ou alors j'en avais trop aspiré à la fois ?

Je chassai de mon esprit la terreur sans nom qui m'avait saisi à ce moment-là.

le retour des conquistadores

Des lunes plus tard, alors que nous les avions presque oubliés, ils sont revenus, les conquistadores…

Au village, devant la grande maison, tout le monde commentait la nouvelle.

– … avec bien plus de vaisseaux que la première fois ! Cette fois, leurs galions hérissés de canons sont aussi nombreux que les doigts des mains et des pieds.

– … et sur chaque pont, des soldats en armes.

– Quand ils ont appris ce qu'il était advenu de ceux qu'ils avaient laissés au fort, ils sont entrés en fureur !

– Ils ont massacré ceux du Marien.

– Combien en ont-ils tué ?

– On ne sait pas. Des centaines ? Les corps des nôtres jonchent le rivage.

– Les vagues les ont vite emportés.

– Il ne restait plus personne pour les enterrer : seuls des vieillards, des femmes et des enfants terrifiés, cachés dans la forêt…

– Un jeune garçon rescapé nous a tout raconté.

Le massacre des Taïnos du Marien fit grand bruit au Xaragua. Les conquistadores avaient même massacré le cacique et son clan…

Les femmes en pleurs s'arrachaient les cheveux par poignées : nous avions tous des cousins au Marien.

– Mais pourquoi s'en prendre à nous ? Les Taïnos n'y sont pour rien !

– Nous aurions dû les précipiter dans la mer ces barbares, au lieu de les recevoir comme des dieux ! rageait Anacaona, en se frappant la poitrine de son poing, pour faire entrer ses paroles au plus profond dans son cœur.

Au lendemain du massacre, Bartolomé Colomb se proclama gouverneur et déclara qu'il prenait possession d'Ayiti et de toutes ses richesses :

– … puisque les habitants de l'île se sont si mal comportés.

C'était un prétexte bien sûr…

– En vérité, ils n'attendaient que cela !

Anacaona oscillait entre rage et désespoir.

– Ils nous maltraitent pour nous pousser à la révolte, afin de nous massacrer jusqu'au dernier !

C'est à ce moment-là qu'ils ont exigé de chaque Taïno qu'il n'appelle plus désormais notre île qu'Hispaniola :

– HISPANIOLA !!! C'est ainsi que vous devez la nommer ! Vous entendez ? Sous peine de coups de fouet !

Mais ils avaient beau nous frapper, nous refusions de l'appeler autrement qu'AYITI.

Jamais le mot d'Hispaniola ne put franchir l'enclos de nos dents – jamais, au grand jamais ! Plutôt la mort que d'appeler notre île chérie la petite Espagne.

Au début, ils fouettaient les récalcitrants, mais bien vite ils ont préféré nous envoyer dans les mines, creuser au plus profond de la terre, là où vivent les démons, car la seule chose qui les intéressait vraiment, c'était l'or.

L'OR L'OR L'OR… Tel était le nom de leur folie !

C'était pour l'or – et uniquement pour l'or – qu'ils étaient revenus en Ayiti.

Ils firent battre le tambour à travers les cinq royaumes ; aussitôt des soldats en armes proclamèrent à voix forte :

– Chaque Taïno, homme, femme, vieillard ou enfant, doit nous ramener chaque soir une calebasse pleine d'or !

Et chaque soldat, dressé sur son estrade, brandit une coupe profonde comme deux mains d'homme en creux, devant la foule des Taïnos rassemblés.

À cet instant, le désespoir nous saisit, une ombre plus sombre qu'un ouragan s'empara de nos âmes.

Nous tournions sur nous-mêmes, prenant nos têtes entre nos mains, tant était grande notre impuissance.

– Comment allons-nous nous y prendre ?

– Peu importe comment ! Débrouillez-vous ! hurlaient les gardes.

– En tamisant le sable des rivières !

– En creusant la terre au plus profond des ténèbres !

– En grattant sous les roches avec vos ongles !

À dater de ce jour, chacun dut trimer de l'aube jusqu'à la nuit ; nous étions harassés, à bout de force, mal nourris, maltraités de mille façons.

– Et malheur à ceux qui ne nous en rapporteront pas assez ! gueulaient les soudards en faisant claquer leurs fouets.

Cette fois-ci, ils avaient amené avec eux, parqués dans de grandes cages de fer, des meutes de chiens terribles, monstres hideux aux yeux rouges armés de crocs terrifiants, la gueule dégoulinant de bave blanche, dont la simple vue terrorisait les femmes et les enfants.

– Pour le moment, ces dogues, nous les gardons enchaînés, mais si l'un d'entre vous a le malheur de désobéir…

– Alors nous les lâcherons sur vous !

– Et là les dogues n'auront nulle pitié.

– Ils n'oseront pas… murmurais-je à Higuemota, qui tremblait d'effroi, ils disent cela pour nous faire peur ! Ne t'en fais pas.

Un jour, une femme qui frappait rageusement la terre avec son bâton, dans l'espoir qu'elle s'entrouvre et l'engloutisse, mit à jour une pépite d'or énorme… aussi grosse qu'une galette de cassave ! Au lieu de la remercier, les Espagnols la bousculèrent et s'emparèrent aussitôt de la pépite monstrueuse, et exigèrent de nous encore plus d'or.

Trois jours plus tard, alors qu'un vieil homme épuisé rentrait du torrent les mains vides, et les levait vers le garde avec un regard suppliant, un des soldats prit son épée et lui trancha les deux mains d'un coup.

Devant les Taïnos en file, qui vidaient chacun leur tour leur poudre d'or sur une longue table en bois.

Je n'oublierai jamais le regard horrifié du malheureux, devant ses moignons sanglants.

Aussitôt, le soldat donna l'ordre de le jeter dans le fleuve, afin qu'il soit dévoré par les caïmans, attirés par l'odeur du sang. Hélas, le malheureux n'était que le premier…

Plus tard, même les enfants eurent droit à cet horrible traitement. Quant aux jeunes filles, les soldats leur réservaient un sort plus terrible encore.

Mais là, les mots m'abandonnent.

– C'est de leur faute ! Ces diablesses sont nues et de mœurs dissolues !

– Elles font tout pour nous tenter ! hurlaient-ils en violentant nos sœurs.

L'île tout entière retentissait de cris d'horreur.

En quelques lunes, notre paradis était devenu un enfer, et Barbe-Rouge fermait les yeux.

Lui, tout ce qu'il voulait – en plus de l'or – c'était obtenir notre conversion, juste avant notre mort.

Alors les caciques décidèrent d'entrer en guerre, et Caonabo prit la tête de la révolte.

Mais les conquistadores étaient bien trop nombreux, et surtout équipés d'armes terribles : face à leurs fusils et à leurs canons crachant le feu, que pouvions-nous faire avec nos lances, nos arcs et nos flèches ?

Jamais nous ne serions d'aussi féroces guerriers que les cruels Caribes, qui mangeaient le corps de leurs ennemis pour accaparer leurs forces !

Hélas, ce n'était pas du tout dans la nature des Taïnos.

la révolte d'Anacaona

Pour nous punir, les conquistadores entreprirent alors de nous réduire en esclavage, tous, sauf les caciques...

Cela, ils n'osaient pas encore.

– Mais cela ne saurait tarder ! gémit Anacaona, au comble du désespoir et de la fureur, en voyant sur les chemins les cadavres d'enfants baignant dans leur sang, et les corps des jeunes filles éventrées.

– S'ils veulent la guerre, ils l'auront ! Quand bien même nous devrions tous y perdre la vie ! Même moi, Anacaona, j'apprendrai à enduire les pointes de nos flèches de curare et à manier l'arc, nous les ferons fuir jusqu'aux derniers ! Veux-tu m'apprendre, Guaracuya ?

– Avec plaisir ma reine... Je suis flatté de t'avoir pour élève.

– Il est révolu, le temps des danses et des chants ! Il nous faut chasser ces barbares de notre île à tout jamais.

Aussitôt, je lui appris à se servir du lanceur : un petit arc que l'on posait sur l'épaule, et avec lequel on envoyait très loin de courtes flèches à pointe large, enduites de poison violent.

Le soir même, elle savait atteindre une cible en son cœur.

Quant au poison… Elle connaissait une recette redoutable, à base de plantes toxiques et de glandes de serpent : une simple égratignure foudroyait la cible, comme si un éclair invisible était tombé du ciel.

À travers Ayiti tout entière, la révolte s'organisait…

Nous étions prêts à tout, emplis d'une rage désespérée, animés par une telle fureur ! Certains de nous débarrasser enfin de nos envahisseurs. Quand on ne craint plus de perdre sa vie, qui peut nous réduire à sa merci ?!

C'est à ce moment-là que les barbares ont lâché leurs dogues. Jamais nous n'avions imaginé bêtes aussi féroces.

La plus effroyable des fins, c'était de finir déchirés par les crocs de ces monstres affamés.

Quand nous les croisions au loin sur les sentiers, les babines sanglantes, nous nous enfuyions au fin fond des forêts, portant sur notre dos les vieillards et les petits enfants. Mais ils parvenaient toujours à en attraper, et là, nous nous bouchions les oreilles avec nos mains en pleurant – pour ne plus entendre ces atroces hurlements.

Mais cela ne servait à rien : les cris des mourants déchirés par la meute venaient nous hanter la nuit.

Oui, c'est ainsi qu'en quelques lunes, pour tenter d'échapper aux crocs des dogues, nous avons déserté nos villages, emportant nos Zémis dans des sacs, comme des galettes de cassave.

Mais de tout ce mal, il allait naître un mal plus terrible encore… À la lueur des flammes, les soldats, ivres de sang, rattrapaient les fuyards ; ils égorgeaient les mères et leurs petits enfants, éventrant les femmes enceintes pour s'amuser, embrochant les bébés.

De désespoir, certains Taïnos s'empoisonnèrent alors par villages entiers. C'était un spectacle effroyable de voir tous ces corps sans vie devant les grandes maisons, et que personne n'allait pouvoir enterrer.

Nous avons fui les vallées, nous nous sommes réfugiés dans la forêt. Là « dans l'enfer vert », comme ils l'appelaient, faute d'en connaître les secrets, les soldats hésitaient à nous pourchasser, même avec leurs chiens…

À l'instant d'y entrer, la peur s'emparait d'eux.

Cela feulait, glapissait ; serpents cachés sous les feuilles, jaguars tapis dans les arbres et tarentules aux aguets…

Au cœur de la jungle, Anacaona reprit enfin espoir.

Elle organisait des rencontres secrètes avec les caciques survivants au plus profond de la forêt, là où jusqu'ici nous n'allions pas, là où rôdent les esprits.

un message de Barbe-Rouge

C'est à ce moment-là que Nicolas de Ovando envoya des émissaires dans la jungle, afin de proposer un traité de paix à Anacaona, que désormais nous n'appelions plus que La Guerrière.

– Fleur-d'Or est morte ! Les barbares l'ont tuée ! me dit-elle le matin même.

– Ne dis pas cela, ô ma reine…

– Ne t'en fais pas : dès que nous aurons chassé les barbares, une nouvelle Fleur-d'Or refleurira, plus vivace encore que celle que tu as connue.

Je hochais la tête, je n'aimais pas ces mots aussi violents que des armes, ils me semblaient de mauvais augure.

Non, Fleur-d'Or n'est pas morte, me disais-je en moi-même, *elle s'est juste éclipsée.*

Plusieurs messagers s'étaient perdus en route, dévorés par les caïmans, attaqués par les serpents, mais l'un d'eux parvint à nous atteindre.

– Je suis porteur d'un message d'Ovando, dit-il en s'effondrant aux pieds d'Anacaona.

– Parle, envoyé !

– « *Sortez de la forêt, aucun mal ne vous sera fait, il est temps de cesser de verser tout ce sang, signons un traité de paix.* » Voilà le message qu'Ovando te transmet par ma bouche, Ô grande reine.

– Pactiser ? Il est grand temps !

– Peut-on le croire ? se demandaient les caciques.

– Nous n'avons pas le choix, il faut négocier ! Sans quoi ils nous tueront tous jusqu'au dernier. Je veux que nos enfants vivent en Ayiti libres et heureux ! déclara Anacaona.

– Une fois que les conquistadores nous auront volé tout notre or, ils repartiront chez eux, et tout ceci ne sera plus qu'un affreux cauchemar.

Les caciques hochaient la tête.

– Tant de sang versé, tant de Taïnos sacrifiés !

– Nos rivières sont rouges de sang, nous ne parvenons plus à enterrer nos morts… Les bêtes sauvages se chargent de faire disparaître les corps.

– Nos villages en cendres sont hantés par d'étranges animaux, les yeux pourpres et les babines sanglantes, croisement de leurs dogues effroyables et de nos chiens sauvages… Autant d'incarnations de Juracan !

– L'esprit du mal est devenu tout-puissant – c'est lui qui règne dans l'île à présent. Pourrons-nous jamais revenir en arrière, revivre un jour des temps heureux ?

D'un geste, Anacaona fit taire ce tohu-bohu.

– Acceptons leur invitation ! Il le faut ! Eux aussi sont las de cette guerre.

– Tu fais confiance à ce serpent d'Ovando ?

– Nous n'avons pas le choix.

– Ils ont toujours leurs armes de feu et leur férocité sans limite !

– Nous avons le nombre pour nous. Ils ont beau nous massacrer, nous sommes encore des milliers et des milliers… Ils ne peuvent pas nous tuer tous ! Il faudra bien qu'ils pactisent, eux aussi, cette guerre sans fin les épuise.

– Ils voient bien que cela nuit à leur quête folle de cet or qu'ils veulent offrir en monceaux à leur reine – elle doit être bien cruelle.

L'envoyé nous apprit alors une terrible nouvelle : Ovando avait fait capturer Caonabo ! Ses soldats l'avaient enchaîné et jeté au fond d'une cale ; à ce jour, il gisait à bord d'un vaisseau qui cinglait vers l'Espagne.

Caonabo, l'époux de notre grande reine !

La bataille avait été terrible, il s'était battu comme un jaguar, ses gardes avaient péri, lui-même était blessé.

À peine capturé, il avait tenté d'avaler du curare, pour échapper à l'humiliation, mais les soldats d'Ovando l'en avaient de justesse empêché.

Quand nous apprîmes la nouvelle, le désespoir nous saisit.

Comme si le Soleil lui-même avait été vaincu par les conquistadores, percé d'un coup d'épée, et avait disparu à jamais dans les flots.

Une fois de plus, Anacaona reprit courage la première, et secoua vite son effroi.

Ses yeux, au regard jadis si doux, luisaient à présent d'un sombre éclat. Sa voix n'avait plus rien de suave, elle était tranchante, forte, taillée pour donner des ordres.

– Caonabo vogue vers l'Espagne ? Alors tout n'est pas perdu ! Une fois arrivé à Madrid, il saura convaincre Isabela de faire preuve de clémence ! déclara-t-elle aux caciques.

– Il ne faut pas accepter la proposition d'Ovando ! reprit alors le cacique du Marien. Gagnons les montagnes ! Demandons aux Caribes de nous entraîner !

Tous criaient, on ne s'entendait plus parler.

– Paix !! cria Anacaona.

Aussitôt le silence se fit.

Elle semblait avoir grandi, elle leva les bras, on eut dit l'effigie d'un Zémi.

– Nous ferons tout cela si les négociations échouent, je vous le promets ! déclara Anacaona, dont tous respectaient désormais la sagesse.

Elle n'était plus la petite reine du Xaragua, mais celle de tous les Taïnos, la souveraine d'Ayiti.

– ... mais laissons une dernière chance à la paix.

– Ma sœur a raison ! cria le vieux Bohechio. Au point de violence où nous sommes, nous n'avons plus rien à perdre. Allons retrouver Ovando !!

la longue marche

Anacaona à leur tête, portée sur une litière tapissée d'orchidées écarlates, les caciques ont marché vers Santo Domingo, la capitale d'Hispaniola, là où régnait le dieu des conquistadores assoiffé de sang, tapi dans sa cathédrale de marbre blanc. Je donnais la main à Higuemota, qui, bien que pâle et tremblante, trouvait la force d'avancer.

Si frêle, comment faisait-elle ?

Après trois jours de marche, nous parvînmes enfin à Santo Domingo, nous arrêtant seulement au cœur de la ville, devant la cathédrale.

C'est vrai qu'elle était belle, cette immense bâtisse de pierre claire, effroyablement belle…

Ses dalles jointoyées avec notre sang.

Jamais je n'avais rien vu d'aussi haut, ni d'aussi terrible. Qu'avions-nous fait à leur dieu, pour qu'il nous souhaite morts jusqu'au dernier, ou réduits en esclavage ?

Qu'avions-nous donc fait à Marie, la mère de leur dieu, si gracieuse dans ses voiles bleus, avec son doux sourire, qui dissimulait tant de cruauté ? Quelle mère terrible pouvait donc vouloir la mort de tous ses enfants ?

Car les prêtres espagnols essayaient encore de nous en convaincre : nous, les Taïnos, étions tous ses enfants.

– Il faut déposer les armes ! Hispaniola est assez vaste pour que nous y vivions tous en paix.

Nous espérions encore y croire…

Anacaona y croyait.

– Pour les Espagnols aussi, cette guerre est épuisante, elle les empêche de nous exploiter comme ils le voudraient.

Elle disait vrai.

Finalement, Ovando décida que la rencontre aurait lieu au Xaragua, et pas à Santo Domingo.

Le gouverneur sut se montrer convaincant, sa voix avait des accents de sincérité, il nous offrit même à boire et à manger de ses mains, nous appelant ses brebis égarées, les enfants perdus de Marie.

– La reine des cieux et la reine des Taïnos sont faites pour s'entendre ! dit-il en offrant à Anacaona une effigie en or de la vierge – celle qu'il portait à son cou.

Elle était belle, Marie, sur la poitrine de Fleur-d'Or…

L'aura de l'une illuminait le visage de l'autre.

C'est ce don qui vint à bout de notre méfiance.

Barbe-Rouge ne saurait trahir celle qu'il idolâtrait…

Alors nous reprîmes notre marche vers le royaume du Xaragua, escortés par les Espagnols en armes.

À quoi cela rimait-il ?

Ils nous faisaient venir, puis nous demandaient aussitôt de repartir.

– Ils font cela pour nous épuiser… dis-je alors à haute voix, marchant au côté d'Higuemota.

Je n'aimais pas cet aller-retour forcé.

– Tu penses trop, mon cousin, me dit alors ma cousine.

Je ne répondis rien, et lui serrai bien fort la main.

la dernière fête

Nous étions épuisés par ces marches incessantes à travers la forêt, mais j'étais heureux de rentrer chez nous ; je m'étais senti mal à Santo Domingo, devant la cathédrale.

Là-bas, en territoire étranger, dans la cité de notre ennemi, à l'ombre de son dieu, nous étions vulnérables…

Que pouvait-il nous arriver de fâcheux, là où nous étions nés ? Ici, nos Zémis veillaient sur nous.

Mais à peine arrivé, Barbe Rouge se comporta en maître.

Il donna l'ordre à ses hommes de faire construire de grandes maisons dans une vaste clairière, à l'écart du village, pour y donner un banquet.

– Afin de vous recevoir avec les honneurs qui vous sont dus ! Certes, vous êtes ici chez vous, mais vous êtes nos hôtes, ne l'oublions pas !

Là, soudain, son ton me sembla faux, comme s'il avait ôté son masque. Sa voix, son regard avaient changé.

Ses soldats avaient amené des dizaines de porcelets noirs qui rôtissaient déjà sur des broches.

D'immenses tas de braises rougeoyaient un peu partout, nous avions faim, nous étions épuisés.

Depuis combien de temps n'avions-nous pas mangé de la viande rôtie ? Dans la forêt, là où nous vivions, terrés depuis des lunes, les feux nous auraient trahis…

Dès lors que nous étions en fuite, nous ne pouvions plus ni pêcher ni chasser, encore moins récolter et piler le manioc ; les galettes de cassave manquaient depuis des lunes, nous étions maigres et affamés.

Anacaona et Higuemota n'avaient pourtant rien perdu de leur beauté, elles avaient les joues creuses, mais des étoiles dans les yeux.

– Nos souffrances seront bientôt terminées !

C'est ce que m'ont dit les Zémis, me dit Anacaona, au sortir de sa dernière séance de cohoba, qu'elle pratiqua en secret dans la maison sacrée du Xaragua, à peine arrivée.

Elle n'avait plus besoin de jeûner, depuis des jours nous nous nourrissions de feuilles et d'écorces, comme des animaux. Au village, tous étaient attirés par le fumet des porcelets qui rôtissaient dans la clairière, comme les abeilles par le pollen des fleurs carnivores.

Ovando ordonna alors que l'on dresse les tables dans les grandes maisons.

– Pourquoi ne pas manger dehors ? dis-je au prêtre qui voulait m'entraîner à l'intérieur.

C'était celui-là même qui m'avait appris à lire et à écrire.

J'aurais dû lui faire confiance, mais même de lui, je me méfiais. Il évitait de me regarder dans les yeux.

– L'orage gronde. Suis-moi, bientôt tu seras trempé…

Il disait vrai, le ciel était noir et menaçant.

Il eut beau m'exhorter, je refusai d'entrer.

Pourtant l'odeur du cochon rôti était alléchante…

Mais au lieu de m'attirer, elle me donnait la nausée.

Elle me rappelait une scène atroce issue de mes plus sombres visions – la première fois que j'avais inhalé la cohoba. Cette image de terreur était gravée en moi, comme par la pointe d'une lance chauffée à blanc.

Je les laissai donc festoyer.

Un jeune prêtre vint m'apporter des galettes de cassave avec une tranche de viande et un sourire plein de pitié.

Parmi les Espagnols, certains réprouvaient la bestialité dont les soudards faisaient preuve à notre égard, mais ils n'étaient pas écoutés.

Ces brutes voulaient de l'or, encore plus d'or et de sang, et rentrer au plus vite en Espagne, avec la fortune et la gloire ; ils nous considéraient comme des animaux.

– Ces Indiens n'ont pas d'âme, ce n'est pas un péché de les massacrer.

– Ils n'ont qu'à accepter de se soumettre, et nous les laisserons vivre dans des enclos, comme des pourceaux.

Mais ce jour-là, le jour de la grande fête au Xaragua, les soudards se tenaient enfin tranquilles, ce qui rassura Anacaona et les quatre-vingts caciques venus avec elle.

Oui : tous les nobles de l'île étaient avec elle en ce jour fatal. Le peu qu'il en restait… Les survivants des grandes familles, établies dans l'île depuis la nuit des temps.

Les Espagnols en avaient tué tant et tant…

Il n'en restait que quatre-vingts, réunis autour d'Anacaona.

Là où tant d'hommes avaient faibli, notre reine avait repris le combat – la pointe d'une lance durcie par les flammes.

J'étais fière de ma reine.

Pourtant, je les abandonnai à leur festin : j'avais besoin de me retrouver enfin seul, après toute cette agitation.

le grand incendie

Je grimpai dans le *chimenola* qui faisait face à la grande maison, l'arbre où j'avais l'habitude de me réfugier tout enfant. Là, caché parmi les branches, je me sentais comme entre les bras d'une géante, je tétais ses fruits laiteux.

Étourdi par les sucs, je me croyais revenu en enfance, avant l'arrivée des voiles blanches.

Ils étaient tous dans les grandes maisons, à festoyer, et moi je somnolais, bercé par le bruit du vent dans les feuilles, quand tout à coup d'atroces hurlements et le fracas des flammes m'arrachèrent au sommeil.

Encore un cauchemar ?

Si c'était le cas, c'était le pire de tous !

Des soldats avaient mis le feu aux maisons, et empêchaient par les armes les caciques et leurs suites de sortir.

Les baraques construites sur ordre de Barbe-Rouge flambaient comme des torches !

Les Espagnols étaient sortis, sous prétexte d'aller chercher des présents pour les invités…

Une fois dehors, ils avaient bloqué les portes et mis le feu !

Les cabanes avaient flambé aussitôt, avec les quatre-vingts caciques et leurs suites piégés à l'intérieur.

– Laissez-nous sortir ! Laissez-nous sortir !

Partout autour de moi, retentissaient d'atroces hurlements.

Et ma reine ? et sa fille ? Où étaient-elles ?

Je les vis loin là-bas, sur la place, détenues par des soldats.

Ovando avait attiré Anacaona et Higuemota au-dehors avant l'incendie, sous prétexte de leur remettre des cadeaux envoyés par la reine Isabela : des robes de soie et des bijoux venus d'Espagne...

Elles avaient gobé ses paroles de miel.

Du haut de mon arbre, je les voyais, si belles dans leurs beaux atours, entourées d'Espagnols en armes, figées, terrifiées. Aux premières flammes, avant qu'elles aient pu réaliser le sort effroyable qui attendait les caciques, Ovando donna l'ordre à sa garde de les ligoter.

– Laisse-nous ! hurlait Anacaona en se débattant.

Mais les soldats étaient bien trop nombreux...

En un instant, Fleur-d'Or et sa fille furent plaquées contre un tronc d'arbre, ligotées de la tête aux pieds, un linge enfoncé dans la gorge.

Je restai caché tout en haut de mon arbre, incapable de bouger. Même ma langue était paralysée, j'aurais voulu crier – aucun son ne sortait de ma gorge.

Très vite, les hurlements des captifs prisonniers des flammes se sont tus… Il ne restait plus des maisons qu'un tas de cendres rouges et un monceau d'ossements calcinés.

Les plus grands caciques de l'île étaient partis en fumée. Tous… Jusqu'au dernier.

Devant les bûchers, la Vierge Marie, posée au milieu de la place sur un piédestal, tenant l'enfant Jésus dans ses bras, contemplait ces horreurs avec son doux sourire, ses joues roses et ses voiles bleus à peine noircis par la fumée.

Anacaona et Higuemota, contraintes d'assister à ces scènes terribles, étaient trop accablées pour verser des larmes.

Et moi, toujours dans mon arbre, j'étais incapable d'en descendre, pétrifié par l'horreur.

Toute la nuit, elles restèrent debout, attachées.

J'aurais voulu voler vers elles, les délivrer, quitte à y laisser ma vie… Mais devant elles, il y avait douze soldats en armes, ils m'auraient tué avant que je puisse les approcher. J'étais plus utile ici, à attendre.

Une fois mort, comment aurais-je pu les aider ?

Il me fallait rester vivant.

l'atroce marché

Au matin, Ovando vint les voir, l'œil froid, impassible, comme à l'accoutumée.

Il avait ôté son masque bienveillant et arborait ce visage sombre aux traits tranchants qui était le sien ; le nez en bec d'aigle, le menton pointu, l'œil d'un oiseau de proie aux aguets. Il donna l'ordre qu'on défasse leurs bâillons.

– Anacaona ! Grande reine des Taïnos… Enfin, le peu qu'il en reste ! grinça-t-il avec ironie. Je te propose un marché : si tu acceptes de devenir ma concubine, tu auras la vie sauve.

Elle le fixait sans rien dire, d'un regard de glace.

– Si tu refuses, toute reine que tu es, tu seras pendue.

– Alors dresse le gibet sans tarder ! J'aime mille fois mieux la caresse de la corde que de partager ta couche, ne serait-ce qu'un instant ! ô toi le plus vil des chiens – gouverneur de l'enfer !

Et, ce disant, elle arracha la médaille de Marie qui était à son cou et la jeta au visage d'Ovando.

L'ayant atteint en pleine joue, elle le fit saigner.

S'essuyant du revers de la main, Ovando ordonna que l'on dresse un gibet ; en un instant ce fut fait.

Du haut de mon arbre, je vis Anacaona, ma reine bien-aimée, hissée sur l'estrade, la corde au cou…

À cette vision, je réussis enfin à m'arracher à ma branche, je bondis vers elle et me jetai à ses pieds.

– Ô ma reine ! Je veux mourir avec toi !

Je suppliais Ovando, toujours impassible :

– Pends-moi avec elle !

– NON !!! cria Anacaona. Tu dois vivre ! Sauve-toi !

J'aurais voulu rester, lui désobéir…

Mais là encore les Zémis décidèrent de mon sort : une force implacable m'arracha à ce lieu maudit ; je détalais vers les arbres, qui refermèrent leurs branches sur moi.

– Emparez-vous de lui ! hurla Ovando.

Les soldats eurent beau se précipiter, j'avais déjà disparu, happé par la forêt.

– Cours vers les montagnes ! N'en redescends jamais ! JAMAIS !!

Un dernier cri, puis plus rien.

Seul le silence – un terrible silence.

Suivi d'un sinistre grincement…

Puis les sanglots déchirants d'Higuemota.

L'instant d'après, le corps sans vie de ma reine se balançait au bout d'une corde…

Elle avait rejoint les Zémis.

la caverne

J'obéis alors aux dernières paroles, à l'ultime cri d'Anacaona ; j'avais des ailes, la rage et le désespoir m'animaient. Lors de ma fuite, j'étais quasi fou, en transe ! Possédé par l'esprit de la cohoba – que pourtant je n'avais pas inhalée cette fois – comme si elle s'était imprégnée en moi, depuis la dernière fois. D'un seul élan je courus, sans jamais m'arrêter, jusqu'aux montagnes dont je voyais les cimes aiguës, par-delà les forêts.

Trois jours et trois nuits sans jamais m'arrêter, sans boire, ni manger, ni dormir... J'étais porté par les Zémis.

Je n'étais plus moi-même, j'étais devenu quelqu'un d'autre.

À peine arrivé dans les montagnes, j'ai changé de nom.

Ce n'était même pas ma volonté, cela s'est imposé à moi. Enriquillo : c'est ainsi que je m'appellerais désormais.

Enriquillo – un nom espagnol...

Venu de la langue du bourreau.

Il m'était apparu en rêve, ce nom nouveau.

Pendant des jours, des nuits, je dormis à peine, réfugié à l'entrée d'une grotte, incapable de bouger, au-delà des larmes, répétant comme un fou le nom d'Anacaona, et celui d'Higuemota. Qu'était devenue ma cousine ? Quel sort ce démon d'Ovando lui avait-il réservé ?

J'étais fou de douleur.

Je n'ai jamais su comment j'ai pu boire et me nourrir, pendant tout ce temps.

À chaque fin de nuit, quelqu'un déposait à l'entrée de mon refuge des galettes de cassave, des fruits et de l'eau fraîche teintée de miel ; je les trouvais au petit jour, en me levant. La grotte était immense…

Je la parcourus en tous sens, pour savoir où j'étais, et quelles étaient les voies de sortie, en cas d'attaque… Elle s'étalait à travers la montagne et menait jusqu'à la mer.

Bientôt, je fus rejoint par d'autres jeunes Taïnos rescapés des massacres et de l'esclavage des mines, et qui étaient eux aussi parvenus à s'enfuir. Je ne sais qui leur avait dit que j'étais ici : la rumeur s'était vite répandue.

Bien peu nombreux hélas…

Au final, nous étions à peine quelques poignées.

À dater du massacre du Xaragua, ce fut vraiment la fin des Taïnos : les survivants, anéantis par l'assassinat de leur reine et des quatre-vingts caciques, sans force, accablés, se laissèrent capturer, et furent réduits en esclavage.

Beaucoup préférèrent la mort, au sort terrible qui les attendait. Pour s'amuser, les soudards, ivres de vin et de violence, encouragés par leurs chefs cruels, arrachaient les petits enfants au sein de leur mère, et les jetaient tout vivants dans la rivière, en s'écriant, ivres d'atroce joie :

– Cela frétille !

C'était devenu leur jeu préféré, comme pour nous le *batey*.

Et Ovando fermait les yeux, tout occupé à envoyer des caisses pleines d'or au royaume d'Espagne, et à faire construire par ses esclaves de nouvelles églises.

Sans cesse de nouveaux prêtres arrivaient, par bateaux, bientôt il y en eut autant que de soldats.

Vêtus de longues robes noires, l'air sinistre et hagard, ils avaient tous l'air de répliques d'Ovando.

Consumés par les fièvres, ils tentaient de convertir les derniers Taïnos juste avant qu'ils meurent ; tous refusaient.

Alors ils mentaient, ils prétendaient avoir obtenu notre conversion *in extremis*, car telle était leur mission, ce pourquoi ils avaient traversé l'océan en furie.

Depuis ma grotte, j'envoyais des espions à Santo Domingo. Par-dessus tout, j'étais anxieux d'avoir des nouvelles d'Higuemota. Avait-elle survécu ?

Barbe-Rouge l'avait-il exécutée, elle aussi ?

Aucun de mes envoyés ne parvint à retrouver sa trace.

Un jour, un prêtre différent des autres monta jusqu'à moi, à travers la montagne...

Il lui avait fallu des jours de marche épuisante, pour atteindre enfin l'entrée de ma grotte.

Bartolomé de Las Casas

Ce prêtre-là était venu sans armes, et même sans sa croix ; il marcha vers moi sans hésiter, comme s'il me connaissait déjà.

– Tu peux me tuer, Enriquillo, je le mérite ! Pour ne pas avoir pu empêcher ces tueries, ces atrocités commises au nom de Dieu.

J'étais étonné par ces mots, je donnais l'ordre à mes gardes de le laisser parler.

– Dieu n'y est pour rien ! Ces soldats sont des brutes, des créatures dévoyées, des suppôts de l'enfer. Pour tout ce que les conquistadores ont commis au nom de Dieu tout-puissant – je te demande pardon. Pardon pour chaque Taïno assassiné, chaque enfant jeté dans les flots, chaque jeune fille violentée... Pour les quatre-vingts caciques massacrés, et pour le pire des crimes : l'assassinat d'Anacaona.

Puis il resta silencieux, la tête baissée.

Au début, plein de colère devant le rappel de toutes ces atrocités, je voulus le transpercer de ma lance.

Ma fureur était telle ! Je ne croyais pas un mot de ce qu'il disait. J'étais sûr qu'il mentait, que sa parole était fausse, comme celle d'Ovando, comme celle de tous ces traîtres, depuis le jour où ils avaient posé le pied sur le sol d'Ayiti.

Mais sa voix, son ton, son regard…

Oui, cet homme-là était différent, il avait su me toucher.

Je me sentais étourdi, comme si toute force en moi d'un seul coup refluait – lorsque la mer se retire, et laisse la rive à nu. D'un coup, je fus pris de vertige – je revis Anacaona radieuse, le jour de mon initiation…

C'était il y a quelques lunes, seulement.

Cela remontait à la nuit des temps.

Aux pieds de celui qui était monté vers moi et avait mis son cœur à nu, je m'effondrai.

Je tremblais de fièvre, je délirais.

Ce fut ce prêtre sans croix qui me soigna, je ne sais comment, avec quels onguents…

En revenant à moi, j'appris qu'il s'appelait Las Casas. Bartolomé de Las Casas – le prénom du frère de l'infâme Christophe Colomb, les démons responsables de notre malheur.

Il resta avec moi jour et nuit, nous parlâmes longtemps.

Il s'exprimait avec aisance dans notre langue, il était simple et sincère, il sut plus d'une fois toucher mon cœur.

Je dis à ceux qui vivaient avec moi dans la montagne que celui-là n'était pas comme les autres.

Il était venu avec eux, du même royaume, sur les mêmes vaisseaux, même il ne pensait pas comme eux.

La haine et le lucre n'avaient pas de place en son cœur, celui-là nous respectait.

Il m'apprit qu'en Espagne, la reine Isabela avait fini par apprendre le sort effroyable qui nous était échu.

Elle s'en était indignée, avait ordonné que cela cesse… Mais bien sûr, à Hispaniola, nul ne l'avait écoutée.

En réponse à ses lettres, Ovando lui fit parvenir des missives emplies de fausseté, mais convaincantes : il lui fit croire que les Indiens étaient libres de travailler dans les mines, pour cela ils touchaient même un salaire…

Tous les miens étaient enchaînés, ils trimaient comme des ânes, et bien sûr jamais ils n'ont touché un seul centavo.

Les soudards continuaient de commettre leurs atrocités, mais ils s'arrangeaient à présent pour ne laisser aucun témoin. Ivres du matin au soir, ils faisaient rôtir les derniers Taïnos par groupe de treize, à feux doux, sur de gros tas de braises. Pourquoi treize ?!

C'est Bartolomé qui me donna la raison, en pleurant :

– Treize ! Atroce ironie ! Comme le Christ et ses douze apôtres…

Ces soldats étaient bien des démons.

Il semblait souffrir autant que moi, du récit de ces atrocités. Plus encore peut-être, j'avais vu tant d'horreurs…

Depuis la mort d'Anacaona, mon cœur était à jamais glacé.

Las Casas finit par redescendre, pour tenter de freiner le massacre, sauver les derniers Taïnos…

Mais c'était bien trop tard.

Une terrible épidémie amenée par les Espagnols, la Mort Rouge, acheva les derniers d'entre nous.

– Comment allons-nous faire pour extraire l'or des mines ? s'inquiétèrent alors les colons, venus en Ayiti pour faire fortune à tout prix.

Souvent, m'avait expliqué Las Casas, c'était la lie des Espagnols qu'on envoyait jusqu'ici, coloniser Ayiti.

Des soudards, des assassins, des repris de justice, des misérables prêts à tout pour échapper à leur infâme condition. Prêts à tous les massacres…

On leur avait tant répété que nous n'avions pas d'âme.

Ils avaient fini par y croire ; ils nous tuaient avec aussi peu d'émotion que si nous étions des fourmis.

Désespéré, Bartolomé finit par retourner dans les montagnes, jusqu'à la grotte où nous vivions cachés.

Il avait des nouvelles d'Higuemota ! Il m'apprit qu'elle avait été épargnée, elle avait épousé un homme honorable, un Espagnol de cœur noble et bon ; oui, il en existait.

– Un nommé Guevara, qui fut hélas jeté en prison, où il mourut, suite à la traîtrise de ses compagnons.

Un homme trop intègre… Qui avait épousé notre cause, en même temps qu'Higuemota.

Ma cousine venait juste de mettre au monde une belle petite fille, Mencia, qui était le portrait d'Anacaona.

J'étais heureux qu'Higuemota et sa petite fille soient saines et sauves, et que l'enfant ressemble à Fleur-d'Or.

Ovando avait concédé à ma cousine le rang de princesse, et la laissait vivre en paix à Santo Domingo.

J'avais eu très peur qu'il en fasse de force sa concubine et que de n'avoir pu posséder la mère, il se rabatte sur la fille… Tout n'était donc pas absolument mauvais en ce démon ? Même si, au vu de ses forfaits, j'en doutais.

Son acharnement contre les Taïnos continuait…

Bientôt, il ne resta plus que quelques dizaines d'entre nous.

Dire qu'avant l'arrivée des Conquistadores il y a si peu de temps – nous étions plus d'un million…

Certains, au comble de l'épouvante, s'étaient jetés par clans entiers du haut des falaises, les femmes tenant leurs enfants serrés dans leur bras.

– Une fois dans les flots, nous aurons cessé de souffrir… Nous connaîtrons enfin la vie éternelle.

Oui : cette croyance en un monde meilleur après la mort n'était pas l'apanage des chrétiens…

Seulement nous, nous n'appelions pas cela le paradis.

Lors d'une de ses visites, Las Casas me raconta ceci :

– Un cacique à qui un prêtre promettait le paradis, s'il acceptait de se convertir avant d'être pendu, lui répondit : « Y a-t-il des Espagnols, au paradis dont tu me parles ? – Bien sûr ! lui répondit le prêtre, interloqué. Alors le cacique cracha sur le crucifix. – Puisque c'est ainsi, je préfère mille fois aller en enfer. »

Et bien sûr il fut pendu.

la chouette blanche

Après la mise à mort de mon peuple, je vis déferler dans la grotte des milliers de chauves-souris.

Il y en avait tant qu'elles se réfugiaient même au cœur des forêts voisines, accrochées au revers des branches, la tête en bas, comme elles en ont l'habitude, voyant ainsi le monde à l'envers, ce qui est sans doute préférable.

Nous, les Taïnos, nous croyons que les morts se transforment en chauves-souris. Quant aux caciques, ils se muent en chouettes, après le trépas.

Une nuit, alors que j'étais résigné à mon sort, je reçus la visite d'une gracieuse chouette blanche aux yeux d'or, qui vint se percher sur mon bras.

À dater de cette nuit, elle revint souvent.

Je savais que cette chouette affectueuse était ma petite reine… Quand nous étions seuls, je lui caressais la tête en l'appelant Anacaona, elle se blottissait alors contre moi, en clignant ses yeux d'or.

Trois lunes plus tard, Las Casas m'envoya un émissaire porteur d'une bien triste nouvelle : Caonabo avait disparu au milieu de l'océan, lors du naufrage du vaisseau qui l'amenait couvert de chaînes vers l'Espagne… Le captif et ses bourreaux avaient sombré dans les mêmes flots.

Même sans ses chaînes, rien n'aurait pu le sauver de la fureur de l'ouragan.

Jusqu'ici, j'avais espéré que lui au moins aurait la vie sauve, et saurait convaincre la reine d'Espagne de la cruauté de nos bourreaux…

Mais non, ce dernier espoir venait lui aussi d'être anéanti, englouti à jamais avec son corps dans les eaux noires de l'Atlantique.

À Santo Domingo, mon ami Las Casas s'agitait vainement, et tentait toujours de sauver les derniers Taïnos.

Même s'il savait bien, en lui-même, que mon peuple vivait ses derniers jours… En ville, il restait à peine quelques-uns d'entre nous, à demi-morts de faim.

Depuis qu'on nous forçait à trimer comme des forçats au fond des mines, il n'y avait plus personne pour cultiver nos jardins, plus personne pour râper la racine de manioc ni façonner les galettes de cassave…

Les derniers Taïnos mouraient de faim devant les pépites d'or qu'ils devaient chaque soir ramener au jour, sous peine de fouet ou de sévices pires encore.

– Tenez bon : vous êtes notre seul espoir !

Tel fut le message qu'il nous fit parvenir, à nous autres, réfugiés dans les montagnes.

Mais déjà, les fièvres nous consumaient.

Mes compagnons tombaient l'un après l'autre, dévorés par le mal ; je résistais encore, protégé par ma petite chouette blanche : elle était mon Zémi vivant.

La nuit, tandis que je dormais d'un sommeil hanté, peuplé de visions terribles, elle veillait sur moi.

À Santo Domingo, Las Casas envoyait à présent vers l'Espagne des missives désespérées que les marins avaient l'ordre de jeter à l'eau, le bateau ayant à peine quitté le port…

Sous la pression des colons désormais sans esclaves, incapables de chercher l'or eux-mêmes dans l'enfer des mines, Ovando demanda alors que l'on fasse venir d'Afrique des esclaves noirs, car ils étaient, disait-on, infiniment plus robustes que les Taïnos anéantis.

Les Noirs, bien moins fragiles que les Indiens, sauraient résister aux travaux forcés… On disait d'eux qu'ils chantaient à tue-tête, même sous le fouet.

Plus tard, quand les premiers Africains ont débarqué en Ayiti par centaines, enchaînés et poussés par les fouets des conquistadores, les colons ont prétendu que c'était Las Casas lui-même qui avait eu cette idée effroyable, pour tenter de sauver les derniers Taïnos…

Ultime calomnie, répandue pour souiller celui qui avait en vain tenté de nous sauver.

Moi, Enriquillo, je puis le dire, le clamer haut et fort !

Ce sont bien les colons qui ont exigé que l'on fasse venir d'Afrique ces captifs à peau sombre, afin qu'ils arrachent l'or aux entrailles de la terre.

– Ils ont la couleur de la terre, ils voient certainement dans le noir, comme les animaux... L'or viendra naturellement à eux.

Voilà ce que déclara Ovando.

Ce nouveau trafic, qu'on appelait désormais *commerce triangulaire*, c'est entre l'Afrique, l'Espagne et Hispaniola, qu'il commença...

Il amenait d'Afrique noire des esclaves entassés dans les soutes, repartait de notre île avec des denrées précieuses plein les cales – de l'or, des épices ou du sucre – bientôt revendues en Espagne, où elles faisaient la fortune des négociants, avant de repartir en Afrique... Un triangle de malheur absolu.

Les bateaux qui accostaient désormais à Santo Domingo – à une cadence effrénée – étaient gorgés d'esclaves noirs.

Bientôt, il en vint des milliers...

Parmi ces malheureux, les premiers temps, beaucoup moururent au fond des mines, dans les plantations de canne ou de café, suite aux mauvais traitements, à force de coups de fouet... Les rebelles, ceux qui tentaient de s'enfuir et que l'on parvenait à reprendre, on les mettait dans une cage en plein soleil, on leur tranchait la langue et les mains, pour apprendre aux autres à être dociles.

Les fièvres aussi en laminèrent.

Les colons s'inquiétaient : allons bon ! Ces maudits esclaves africains – cette manne promise, amenée dans l'île à grands frais – se lamentaient-ils, allaient-ils disparaître comme les Indiens ?

Mais au final, malgré les pertes impressionnantes du début, ils finirent par s'acclimater, ces malheureux Africains arrachés à leur terre…

La plupart survécurent, au soulagement des planteurs – car le sucre et le café avaient fini par supplanter les mines, qui commençaient à se vider de leur or, aucun filon n'étant éternel. Tandis que sucre et café… Sur cette terre bénie, où tout poussait, il y avait bien trois récoltes par an.

Pour cueillir la canne et la couper en tronçons destinés aux moulins à sucre, il en fallait, de la main-d'œuvre, robuste et corvéable à merci !

Certains esclaves parvinrent tout de même à s'enfuir, bien que l'on ait dressé les dogues – qui hier encore déchiraient de leurs terribles crocs les Taïnos – à dévorer à présent les fuyards, ce qu'ils faisaient volontiers, étant chiens féroces, aussi brutaux que leurs maîtres, et constamment affamés.

Adama

Quelques Africains en fuite, eux aussi aidés par les Zémis, parvinrent jusqu'aux montagnes où j'étais réfugié avec ma garde, entre deux descentes dans les haciendas, les fermes terribles et prospères où trimaient nos frères noirs, auxquelles nous mettions le feu la nuit.

Oui, les soirs où la lune était noire, nous fondions sur les plantations, aussi furtifs que des ombres…

En jetant les torches enflammées dans les cannes, je criais :

– En mémoire d'Anacaona !

Puis, contemplant les champs de flammes – splendeur de ces hautes fleurs rouges, crépitant dans l'obscurité… nous rentrions dans la forêt à pas de jaguar.

C'est au retour d'une de ces expéditions vengeresses que je vis pour la première fois un de ces esclaves en fuite, un *cimarron*, comme les Espagnols les appelaient.

J'avais entendu parler de ces hommes courageux, je savais que leur peau était sombre comme la nuit

– la nôtre était couleur d'ambre – mais jusqu'ici je n'en avais jamais vu.

Quand nous fondions la nuit sur les plantations, nos flambeaux à la main, ils dormaient dans leurs cases, à l'écart, loin des maisons des maîtres.

Le premier qui parvint jusqu'à nous était immense et robuste, bien que très maigre ; depuis des jours il n'avait rien mangé, si ce n'est quelques fruits glanés dans la forêt.

– Qui es-tu ? criais-je en le voyant surgir de la forêt, fin et sombre, long comme une liane.

Je crus d'abord qu'il était un *opias*, envoyé par les Zémis…

Il cria quelque chose dans sa langue, il était bien plus effrayé que moi. Je compris alors que j'avais enfin devant moi un de ces Africains en fuite, épuisé et affamé.

Je lui offris des anones, qui poussaient à foison dans la forêt. Tandis qu'il les dévorait, je pus enfin le contempler.

Il me dépassait de deux têtes et était d'une grande beauté. Rien à voir avec la laideur de singe que les Espagnols leur prêtaient, là encore pour prétendre que ceux-là non plus n'avaient pas d'âme.

Adama – car tel était son nom – dansait avec une fougue et une grâce incomparables.

D'une intelligence vive, acérée par la révolte, il apprit vite à parler notre langue ; il nous révéla que chez lui, au royaume d'Oyo, où on l'avait capturé par traîtrise, puis vendu, il avait rang de prince.

– Je suis un cacique, comme toi ! m'expliqua-t-il en souriant. Il était d'un naturel jovial, robuste et courageux ; il reprit rapidement des forces, nous devînmes amis.

Après lui, il en vint d'autres, des esclaves noirs en fuite…

Ceux qui parvenaient à s'enfuir et à échapper aux dogues avaient à peine vingt ans.

Adama parvint à leur faire passer le mot, à travers les plantations, et même au fond des mines…

Les Africains surent bientôt que les derniers Taïnos les accueillaient en amis, et leur apprenaient à survivre dans la forêt, au plus haut des montagnes.

Alors la sévérité des colons s'accrut : pour empêcher les évasions, ils enchaînaient les esclaves les uns aux autres. Les maîtres avaient beau redoubler de cruauté, la rage de vivre libre donne des ailes ! Pour cent qui mouraient, il nous en arrivait chaque jour un nouveau.

Adama servait d'interprète, comme il le pouvait. Les fugitifs venaient de toute l'Afrique, souvent il ne parlait pas leur langue, mais il parvenait toujours à se faire comprendre, par gestes.

Le soir, je lui racontais les Zémis et nos grands caciques disparus ; à son tour il évoquait les rois et les dieux de sa lointaine Afrique ; ils avaient eux aussi une grande reine, Makeba, qu'il me raconta.

Je lui parlais alors longuement de Fleur-d'Or, et de sa terrible fin. À lui seul j'ai pu dire que la chouette qui me rejoignait chaque soir était Anacaona.

Il ne rit pas, ne sourit même pas.

Il avait des croyances semblables.

S'il avait eu la force de parvenir jusqu'à nous, me dit-il, c'est parce qu'un dieu yoruba l'avait guidé à travers la forêt, et pendant son ascension.

– Sinon, à demi mort de faim comme j'étais, comment aurais-je pu survivre sans me nourrir, résister aux attaques des insectes venimeux, et écarter les serpents ?

Le dieu veillait sur moi, depuis l'instant où j'avais décidé de mon évasion ; d'ailleurs il m'était apparu en rêve cette nuit-là, m'ordonnant de m'enfuir, et m'expliquant comment je devais procéder, afin de ne pas me faire prendre.

C'est lui qui m'avait conseillé de marcher dans les torrents pour égarer les chiens, de moi seul je n'y aurais jamais pensé, j'étais bien trop épuisé.

– Les dieux de l'Afrique, alliés aux Zémis ! lui disje alors.

Adama était immense, à ses côtés, j'avais l'air d'un enfant.

la visite

C'est ainsi que naquit le vaudou* d'Ayiti, ici même, dans nos montagnes... De la rencontre des Zémis des derniers Taïnos avec les Yorubas venus de la lointaine Afrique, liés à des bribes de ce catholicisme qu'on avait voulu à coups de fouet nous inculquer.

Ensuite ces esclaves d'Ayiti – en fuite ou captifs – firent de notre Anacaona une de leur déesse, sous le nom d'Erzulie Freda. Et si notre Fleur-d'Or lui donna son âme et sa force, elle emprunta ses traits à la Vierge Marie, qu'on voulut par la violence nous imposer.

Rien que prononcer le nom d'Erzulie Freda me réjouit le cœur : par elle, Fleur-d'Or est toujours vivante en cette île.

Ainsi, en invoquant Erzulie, même ceux qui ignorent tout d'Anacaona, jusqu'à son nom, la font revivre un peu...

---

* Pratique religieuse africaine, basée sur la magie, importée en Haïti par les esclaves africains, longtemps interdite, clandestine et porteuse de révolte ; le vaudou est encore de nos jours bien vivace.

Une nuit, alors que je dormais près de ma petite chouette blanche, je fis un rêve étrange et réconfortant.

Anacaona m'apparut, souriante et poudrée d'or.

Sa voix était rieuse, comme avant l'arrivée des conquistadores, du temps où nous vivions heureux en Ayiti. Elle se pencha vers moi, et me parla à voix basse. J'ouvris les yeux, ce n'était pas un rêve... Elle était bien là !

Le corps couvert de plumes blanches, les bras déployés comme des ailes. Elle bougeait à peine les lèvres, sa voix douce s'insinuait en moi, comme la cohoba.

– Cette fois c'est la fin, Guaracuya... murmura-t-elle, en employant mon nom d'avant. D'ici quelques lunes, les Taïnos auront disparu... Les Zémis en ont décidé ainsi.

Bientôt, tous seront au ciel, ou mués en chauves-souris ; nous aurons fini de souffrir... Même toi, Guaracuya.

Tu as beau te battre, avec tes dernières forces, cela ne sert plus à rien. Tu risques de faire périr des innocents, ces Africains qu'ils ont fait venir de si loin pour nous remplacer, et qui partagent à présent notre sort.

Ceux-là, tu dois les aider.

Il faut marier les dernières Taïnos, les jeunes filles que tu as réussi à soustraire aux Espagnols : tu dois les unir aux Africains qui t'ont rejoint.

Ce n'est pas difficile, ajouta-t-elle en souriant, la plupart sont si beaux, on dirait des dieux vivants. Regarde celui qui dort auprès de toi, Adama...

Quelle splendeur, de corps et de visage ! Je l'ai vu danser l'autre jour…

Tu vas le marier à la jolie fille qui dort dans la grotte voisine. Tu feras procéder à autant d'unions qu'il est possible, afin que l'âme des derniers Taïnos s'insinue dans le corps de ces princes africains : de beaux enfants naîtront de ces unions, qui porteront la trace de ce que nous étions.

Pour qu'ils survivent au cœur de la jungle, dans les grottes ou dans les montagnes, tu dois leur enseigner au plus vite tout ce que tu sais…

Tu connais les vertus des plantes : je te l'ai appris.

Tu sais distinguer celles qui soignent, celles qui apaisent, et celles qui tuent…

Tout ce que tu sais, tu dois leur apprendre.

L'art de planter le yucca, de piler les racines et d'en faire la cassave, car comment pourraient-ils survivre en Ayiti, s'ils ignorent cela ?

L'usage du tabac, et de la cohoba, oui, même cela…

Et aussi l'art de tisser des hamacs avec des lianes, et de les suspendre entre deux troncs, afin que ni serpents ni mygales ne viennent les attaquer pendant leur sommeil…

Et elle parla, parla, Anacaona…

Jusqu'à l'aube, des heures durant.

En silence, j'acquiesçai, devant Adama endormi, qui s'agitait dans son sommeil, roulant des paupières et bougeant un peu ses belles lèvres, ce qui fit sourire ma petite reine pâle aux ailes d'oiseau de nuit.

– Quand tu leur auras appris tout ce que tu sais, alors, tu pourras me rejoindre. Surtout, n'en parle à personne, c'est notre secret…

– Bien, ma reine, il sera fait comme tu l'entends.

Elle sourit, caressant ma joue de son aile, me fixant de son œil d'or.

– Quand saurai-je que ma tâche est finie, et que je puis enfin vous rejoindre ?

– Transmets au mieux tout ce que tu sais, et ne perds pas patience… Une nuit, je t'apparaîtrai.

Sur ce, elle déploya ses ailes et s'envola. L'aube éclaircissait à peine les cimes des arbres.

le don

Ainsi fut fait : j'ai accompli tout ce qu'Anacaona me demanda de faire cette nuit-là.

J'ai suivi ses directives, en tout point.

J'ignorais savoir tant de choses…

En me réfugiant dans les grottes, en changeant de nom, j'avais cru avoir tout oublié.

Il n'en était rien… À dater de cette nuit, tout me revint.

Adama fut un élève zélé et attentif, il apprenait vite et bien. Je l'emmenais pêcher les truites à la main dans les torrents, je lui appris le nom des oiseaux, comment imiter leurs cris, je capturai même un magnifique perroquet vert qui ne quitta plus son épaule.

Chacun de nous, les derniers Taïnos, nous transmîmes nos savoirs à nos frères africains en fuite, pour qu'ils puissent survivre seuls dans cette île ; notre île, Ayiti, que nous leur laissions en héritage.

En échange, nous leur fîmes promettre une seule chose, suite à la demande d'Anacaona, cette nuit-là : que jamais, au grand jamais, ils n'appellent notre île chérie Hispaniola. Ils choisirent donc de l'appeler Ayiti, eux aussi…

Au fil des ans, les fugitifs seraient rejoints par bien d'autres, au péril de leurs vies… Souvent, leurs dos et leurs corps porteraient les terribles cicatrices des supplices subis au fond des mines ou dans l'enfer des plantations.

Enfin, les premiers bébés métis naquirent.

Ils avaient la peau sombre de nos amis africains, et les traits acérés des Taïnos…

Treize lunes avaient passé, depuis l'apparition d'Anacaona aux ailes blanches et de son long discours.

Un soir, j'organisai une dernière partie de *batey*, plus joyeuse encore qu'à l'accoutumée.

Ombres longues, rires et cris, corps clairs et sombres mêlés, la balle volant de main en main…

Pourtant, à mesure que le soir tombait, je me sentis empli d'une poignante mélancolie.

le lac noir

Ce soir-là, après le jeu, nous avons dormi au bord d'un lac, au pied des montagnes, cherchant la fraîcheur ; ses eaux étaient froides et profondes, d'un bleu de glacier.

J'attendis que les Africains fussent tous assoupis…

Alors je préparai la cohoba, et la fis inhaler aux derniers Taïnos. Ils s'endormirent tous profondément, d'un sommeil de pierre, dont pas un ne se réveilla au matin…

Anacaona était venue la veille, à la tombée du soir.

– C'est cette nuit ! m'intima-t-elle en me tendant un petit sac de poudre blanche, qu'il fallait mêler à la cohoba.

Je pris le petit sac tout léger sans dire un mot.

– À bientôt… me dit-elle en déployant ses ailes, avant de disparaître dans la nuit.

Je gardai de son dernier passage une longue plume blanche, contre mon cœur.

Je la déposai auprès d'Adama ; il se retourna, ouvrit les yeux sans me voir vraiment, referma ses doigts sur la plume… puis il se rendormit.

Je laissai les autres Taïnos à leur sommeil de pierre, dont je savais déjà qu'ils ne se réveilleraient pas…

Pas dans ce monde-ci, du moins.

Les petites mères taïnos laissèrent les nouveau-nés assoupis auprès de leurs pères africains, eux aussi profondément endormis, à croire qu'un charme puissant avait gagné l'ensemble des grottes.

Ou alors Anacaona – mon bel oiseau de nuit – était passée par là, répandant sur chacun des dormeurs la poudre blanche éparpillée sur ses ailes ?

Quant à moi, je marchai jusqu'au lac noir, en contrebas.

Je traversai la forêt, obscure malgré la lune ; mais j'étais guidé…

Mes pieds évitaient les obstacles comme si j'avais un œil au bout de chaque orteil ; pas une fois je ne trébuchai.

Je me sentais léger, l'âme en paix.

Penché au bord du lac sombre, à la surface lisse à peine éclaircie par l'aube proche, parmi les derniers chants des oiseaux de nuit, laissant la place à ceux du jour – les plaintes mélancoliques des choucas se mêlant aux cris joyeux des toucans – le dernier hululement de ma petite chouette retentit, et mon bel oiseau s'envola.

Alors j'entrai lentement dans l'eau sombre du lac, où je disparus… Laissant à la surface une petite plume blanche – ultime trace d'Anacaona.

postface d'Élise Fontenaille

Le lac Enriquillo, dans lequel disparut Guaracuya, est situé à la frontière entre Saint-Domingue et Haïti ; un hiver, j'ai nagé dans ses eaux. J'avais quitté Santo Domingo la veille de Noël, pour traverser la moitié d'Ayiti en autocar en compagnie de travailleurs haïtiens, très sombres de peau.

Au moment de passer la frontière, l'autocar s'est arrêté devant les eaux sombres du lac, où j'ai eu le temps de me baigner, en attendant les interminables formalités frontalières, avant que l'autocar redémarre, et nous dépose enfin à Port-au-Prince.

Plus tard, j'ai séjourné dans les montagnes sur lesquelles les derniers Taïnos s'étaient réfugiés cinq siècles plus tôt, avant de disparaître à jamais. Je suis revenue en Ayiti l'année d'après, j'ai traversé la forêt en compagnie d'un guide de vingt ans, qui avait la peau sombre et les traits acérés de ceux que l'on appelle les Indiens...

Et que depuis, j'ai appris à appeler les Taïnos.

Mon jeune guide m'a ensuite accompagnée en pirogue dans le parc naturel de Los Haitises. Émergeant de la mer, ont surgi devant nous des dizaines d'îlots, autant de rocs escarpés, où des milliers d'arbres ont poussé sans une once de terre, plongeant leurs racines au cœur de la roche.

Depuis la barque glissant en silence entre ces jardins naturels flottant sur les eaux, j'ai pu contempler des milliers d'oiseaux. Désormais, cet immense parc, où aucun être humain n'a le droit d'habiter, est devenu le refuge des oiseaux. Pélicans, albatros, pipistrelles, faucons caraïbes… Il y en avait tant, je ne savais plus où lever les yeux, j'étais dans l'émerveillement.

Arturo m'a ensuite menée dans la grotte où les derniers Taïnos s'étaient réfugiés, avant de se jeter par centaines dans la mer, les femmes tenant leurs enfants dans leurs bras, pour fuir le sort terrible qui les attendaient, s'ils tombaient vivants entre les mains des cruels conquistadores. Sur la roche, à la lueur d'une lampe, il m'a montré les dessins que les derniers Taïnos avaient gravés le long des parois, avant de se précipiter dans les flots.

– Voici une chauve-souris, m'a-t-il dit en espagnol… et plus loin, là-haut, un hibou.

C'est dans cette grotte, qu'il m'a parlé d'Anacaona, dont j'entendais le nom pour la première fois.

Au moment où nous allions partir, nous avons entendu un fracas terrible, une bombe sonore : un énorme bateau blanc a accosté rudement entre les îlots fragiles ; une horde de touristes a débarqué sur le site en criant, tandis que sur l'énorme bateau blanc, des haut-parleurs vomissaient une musique vociférante, qui fit fuir d'un coup des milliers d'oiseaux.

Le plafond des grottes était tapissé de centaines de chauves-souris profondément endormies, à cette heure du jour… cramponnées aux voûtes par les pattes, tétanisées par ce déferlement de décibels.

Nous avons rejoint au plus vite la baie de Samana, qui garde encore – mais pour combien de temps ? – sa sidérante beauté. Loin, si loin des hôtels sans âme de Punta Cana, à l'autre extrémité de l'île. Cette partie-là, défigurée par le tourisme de masse, on peut vraiment l'appeler Hispaniola.

À l'instant où j'écris ceci, j'ai posé sur mon bureau un fin collier de corail noir, avec en pendentif l'effigie d'une chouette minuscule, aux ailes déployées…

C'est elle qui m'a inspiré ce récit.

Lexique

Quelques mots nous viennent des Taïnos :
Tabac, hamac, ananas,
caïman, ouragan, colibri,
patate, pirogue, iguane, papaye,
canoë, cacique, cannibale,
goyave, yucca, savane,
caraïbe, manioc, curare…

Ils ont été transmis via l'espagnol, le plus souvent.

Pensez donc aux anciens Taïnos, à chaque fois que vous emploierez un de ces mots.

quelques chiffres et données

En 1492, Christophe Colomb débarque à Ayiti, qu'il nomme Hispaniola ; d'après Bartolomé de Las Casas, à cette date, il y avait dans l'île plus d'un million de Taïnos… Quarante ans plus tard, il n'en restait plus un seul ; ils avaient tous été exterminés.

Mauvais traitements, tortures systématiques, travaux forcés, esclavage, épidémies…

Un million d'êtres, doux et accueillants, beaux et non violents, hautement civilisés, qui vivaient en paix chez eux, et n'avaient jamais nui à personne…

En moins d'un demi-siècle : anéantis.

C'est ce que l'on appelle un génocide réussi.

Guaracuya-Enriquillo, le neveu d'Anacaona, mena la dernière révolte des Taïnos et accueillit dans les montagnes les premiers esclaves en fuite… En souvenir de lui, en hommage, les Haïtiens ont donné son nom à un lac.

Depuis que j'ai appris la tragique histoire des Taïnos, je ne vois plus *du tout* Christophe Colomb, « grand découvreur de l'Amérique », de la même façon…

Je lui voue désormais une haine personnelle.

Récit commencé en Ayiti en décembre 2013, dans les montagnes dominicaines, pendant les fêtes de Noël…

Achevé le 14 juillet 2015 à Paris.

Merci à Gaspard,
pour sa relecture sagace.

Ouvrage réalisé par
Cédric Cailhol Infographiste.
Reproduit et achevé d'imprimer
par l'Imprimerie Laballery à Clamecy
en juillet 2022.

Dépôt légal : avril 2016
N° d'impression : 207289
ISBN : 978-2-8126-1048-6

Imprimé en France.